Mariusz A. Bajorek

Band 1: Die Zukunft der menschlichen Verbindung im Zeitalter der KI

Vorwort:

Die Zeit des Umbruchs? Die Künstliche Intelligenz (KI) ist nicht länger eine futuristische Vision, sondern ein integraler Bestandteil unseres Alltags. Sie beeinflusst, wie wir kommunizieren, arbeiten, lernen und leben. Von den personalisierten Empfehlungen auf Streaming-Plattformen bis hin zu den intelligenten Assistenten auf unseren Smartphones – KI ist allgegenwärtig.

Doch während die technologischen Fortschritte rasant voranschreiten und uns immer wieder mit neuen Möglichkeiten überraschen, stellt sich eine entscheidende Frage: Was bedeutet diese Entwicklung für die Zukunft der menschlichen Verbindung? Werden wir in einer von Algorithmen geprägten Welt einsamer und isolierter, gefangen in unseren personalisierten Filterblasen, oder eröffnen sich uns ungeahnte Möglichkeiten der Verbundenheit und des sozialen Austauschs, die uns helfen, globale Herausforderungen gemeinsam zu bewältigen?

Dieses Buch widmet sich dieser zentralen Frage. Wir werden die gegenwärtige Landschaft im Spannungsfeld von Mensch und Maschine analysieren, die Chancen und Herausforderungen der KI für die menschliche Verbindung beleuchten und ethische Überlegungen anstellen. Unser Ziel ist es, ein umfassendes Bild der Zukunft zu zeichnen, in der Mensch und KI im Dialog miteinander stehen und voneinander profitieren können. Wir richten uns an Unternehmensmitarbeiter und alle, die ihr Wissen zum Thema KI erweitern möchten und sich für die Auswirkungen dieser Technologie auf unsere Gesellschaft interessieren. Ich lade Sie ein, auf eine spannende Reise in die Zukunft der menschlichen Verbindung einzutauchen.

Mariusz A. Bajorek

Inhaltsverzeichnis

Band 1: Die Zukunft der menschlichen Verbindung im Zeitalter der KI (1)

Band 2: Die Zukunft der menschlichen Verbindung gestalten (85)

Kapitel 1: Die digitale Revolution und ihre Folgen – Eine Bestandsaufnahme

Was gestern noch Science-Fiction war, ist heute Realität. Von der Erfindung des Computers über die Entwicklung des Internets bis hin zum Aufkommen von Smartphones und sozialen Medien – die digitale Revolution hat unser Leben und unsere Kommunikation grundlegend verändert. Wir befinden uns mitten in diesem Transformationsprozess, und die Künstliche Intelligenz (KI) spielt dabei eine zentrale Rolle. Dieses Kapitel untersucht die Auswirkungen dieser digitalen Revolution, insbesondere im Bereich der KI, auf unsere Kommunikation und Interaktion.

Die digitale Revolution – Eine Chronologie des Wandels:

Die Anfänge (1940er-1970er): Die Erfindung des Computers in den 1940er Jahren und die Entwicklung des Internets als militärisches Projekt (ARPANET) in den 1960er Jahren legten den Grundstein für die digitale Revolution. Diese frühen Entwicklungen ermöglichten die Verarbeitung und den Austausch von Informationen in bis dahin ungekanntes Ausmaß, blieben aber lange Zeit auf wissenschaftliche und militärische Kreise beschränkt.

Das Personal Computing und das Aufkommen des Internets (1980er-1990er): Die Entwicklung des Personal Computers in den 1980er Jahren brachte den Computer in die Büros und Privathaushalte. Gleichzeitig öffnete sich das Internet für die breite Öffentlichkeit. Die Erfindung des World Wide Web durch Tim Berners-Lee im Jahr 1989 revolutionierte den Zugang zu Informationen und ermöglichte die Entstehung des modernen Internets, wie wir es heute kennen.

Das World Wide Web und die Suchmaschinen (1990er-2000er): Die Einführung des World Wide Web in den 1990er Jahren und die Entwicklung von Suchmaschinen wie Yahoo! und später Google revolutionierten den Zugang zu Informationen. Wissen wurde demokratisiert und für jedermann zugänglich. Die „Informationsflut" begann.

Das Aufkommen von Social Media (2000er-2010er):
Plattformen wie Facebook, Twitter, YouTube und
Instagram veränderten die Art und Weise, wie wir
miteinander kommunizieren und interagieren. Soziale
Netzwerke wurden zu zentralen Orten des sozialen
Austauschs, der Meinungsbildung und des Marketings.
Die Grenzen zwischen privater und öffentlicher
Kommunikation verschwammen.

**Mobile Technologien und das Internet der Dinge
(IoT) (2010er-heute):** Die Verbreitung von Smartphones
und die zunehmende Vernetzung von Geräten im Internet
der Dinge (IoT) führten zu einer Allgegenwärtigkeit
digitaler Technologien in unserem Alltag. Wearables,
Smart Homes und vernetzte Autos sind nur einige
Beispiele für diese Entwicklung. Die Datenmengen
explodierten.

Beispiele für den Wandel

Kommunikation: Von Briefen zu E-Mails zu Instant
Messaging zu Videoanrufen; von persönlichen Treffen zu
Online-Meetings und virtuellen Konferenzen.

Information: Von gedruckten Enzyklopädien zu
Wikipedia, von Bibliotheken zu Suchmaschinen, von
gedruckten Zeitungen zu Online-Nachrichten und
personalisierten Newsfeeds.

Handel: Von lokalen Geschäften zu Online-Shops, von
Katalogen zu E-Commerce-Plattformen, von Bargeld zu
digitalen Zahlungsmethoden und Kryptowährungen.

Unterhaltung: Von analogen Medien zu Streaming-Diensten, von linearem Fernsehen zu On-Demand-Inhalten, von physischen Spielen zu Online-Multiplayer-Games.

Der Aufstieg der Künstlichen Intelligenz

Was ist Künstliche Intelligenz? Künstliche Intelligenz (KI) ist ein interdisziplinäres Feld der Informatik, das sich mit der Entwicklung von Systemen befasst, die menschenähnliche Intelligenzleistungen vollbringen können. Dazu gehören Fähigkeiten wie Lernen, Problemlösen, Entscheidungsfindung, Spracherkennung, Bilderkennung und das Verstehen natürlicher Sprache. Es ist wichtig zu betonen, dass KI kein monolithischer Block ist, sondern eine Vielzahl von Ansätzen und Technologien umfasst.

Die **Geschichte der KI in Kürze:** Die Idee der KI reicht bis in die Mitte des 20. Jahrhunderts zurück. Die Dartmouth Conference im Jahr 1956 gilt als Geburtsstunde der KI als Forschungsgebiet. In den folgenden Jahrzehnten gab es Phasen des Aufschwungs und der Ernüchterung (sogenannte „KI-Winter"), in denen die Erwartungen an die Technologie oft übertroffen wurden und die tatsächlichen Fortschritte hinter den Erwartungen zurückblieben. Erst in den letzten Jahren hat die KI durch Fortschritte im Bereich des maschinellen Lernens und der Verfügbarkeit großer Datenmengen einen neuen Aufschwung erlebt.

Arten von KI

Schwache/enge KI (Weak/Narrow AI): Diese Form der KI ist auf spezifische Aufgaben beschränkt und darauf optimiert, diese effizient zu lösen. Beispiele sind Schachprogramme, Spracherkennungssysteme, Empfehlungssysteme und Spamfilter. Die meisten KI-Anwendungen, die wir heute im Alltag nutzen, fallen in diese Kategorie. Sie sind zwar sehr leistungsfähig in ihrem jeweiligen Anwendungsbereich, besitzen aber kein allgemeines Verständnis der Welt und können keine Aufgaben außerhalb ihres Spezialgebiets lösen.

Starke/allgemeine KI (AGI – Artificial General Intelligence): Diese hypothetische Form der KI besitzt menschenähnliche Intelligenz und die Fähigkeit, komplexe Probleme in verschiedenen Bereichen zu lösen. Sie könnte lernen, sich an neue Situationen anzupassen und Wissen von einem Bereich auf einen anderen zu übertragen. AGI existiert derzeit noch nicht und ist Gegenstand intensiver Forschung und Debatten.

Teilbereiche der KI

Maschinelles Lernen (ML – Machine Learning): ML ist ein zentraler Teilbereich der KI, der sich mit der Entwicklung von Algorithmen befasst, die aus Daten lernen und sich verbessern können, ohne explizit programmiert zu werden. ML-Systeme identifizieren Muster in Daten und nutzen diese, um Vorhersagen zu treffen oder Entscheidungen zu treffen. Es gibt verschiedene Arten des maschinellen Lernens, wie z.B. überwachtes Lernen, unüberwachtes Lernen und bestärkendes Lernen.

Deep Learning (DL – Deep Learning): DL ist eine fortgeschrittene Form des maschinellen Lernens, die künstliche neuronale Netze mit mehreren Schichten (daher „deep") verwendet, um komplexe Muster in Daten zu erkennen. DL hat in den letzten Jahren zu erheblichen Fortschritten in Bereichen wie Bild- und Gesichtserkennung, Spracherkennung und natürlicher Sprachverarbeitung geführt.

Natural Language Processing (NLP – Natürliche Sprachverarbeitung): NLP befasst sich mit der Fähigkeit von Computern, menschliche Sprache zu verstehen, zu interpretieren und zu generieren. NLP-Systeme werden eingesetzt, um Texte zu analysieren, zu übersetzen, zusammenzufassen und menschenähnliche Dialoge zu führen (z.B. in Chatbots und Sprachassistenten).

Beispiele für KI im Alltag

Maschinelles Lernen (ML):

Empfehlungssysteme: Netflix und Amazon nutzen ML, um Nutzern Filme, Serien oder Produkte basierend auf ihrem bisherigen Verhalten und den Präferenzen anderer Nutzer mit ähnlichem Geschmack vorzuschlagen. Diese Systeme lernen kontinuierlich aus den Interaktionen der Nutzer und verbessern so ihre Empfehlungen.

Personalisierte Werbung: Online-Werbung wird mithilfe von ML personalisiert, um Nutzern Anzeigen anzuzeigen, die für sie relevant sein könnten. Dies basiert auf gesammelten Daten über das Surfverhalten, die Interessen und demografische Informationen der Nutzer.

Spamfilter: E-Mail-Dienste verwenden ML, um Spam-Nachrichten automatisch zu erkennen und herauszufiltern. Die Algorithmen lernen aus den Markierungen der Nutzer und erkennen so immer besser neue Spam-Muster.

Kreditscoring: Banken und Finanzdienstleister nutzen ML, um die Kreditwürdigkeit von Kunden zu bewerten. Dabei werden verschiedene Faktoren wie Einkommen, Schulden und Zahlungshistorie berücksichtigt.

Deep Learning (DL):

Gesichtserkennung: Smartphones und Sicherheitskameras nutzen DL zur Gesichtserkennung, um Geräte zu entsperren oder Personen zu identifizieren. Diese Technologie basiert auf der Analyse von Gesichtszügen und deren Vergleich mit gespeicherten Daten.

Automatische Bildunterschriften: Soziale Medien und Bildbearbeitungsprogramme verwenden DL, um automatisch Bildunterschriften zu generieren oder Objekte in Bildern zu erkennen. Dies erleichtert die Organisation und das Teilen von Bildern.

Autonomes Fahren: Die Entwicklung autonomer Fahrzeuge basiert stark auf DL, um Umgebungen zu erkennen und Entscheidungen im Straßenverkehr zu treffen. Sensoren erfassen die Umgebung, und DL-Algorithmen interpretieren diese Daten, um das Fahrzeug sicher zu steuern.

Natural Language Processing (NLP):

Sprachassistenten: Siri, Alexa und Google Assistant nutzen NLP, um Sprachbefehle zu verstehen und darauf zu reagieren. Sie können Fragen beantworten, Termine erstellen, Musik abspielen und vieles mehr.

Chatbots im Kundenservice: Unternehmen setzen Chatbots ein, um Kundenanfragen automatisch zu beantworten und Support zu leisten. Diese Chatbots können einfache Fragen beantworten, Informationen bereitstellen und bei Problemen helfen.

Automatische Übersetzung: Online-Übersetzungstools wie Google Translate verwenden NLP, um Texte zwischen verschiedenen Sprachen zu übersetzen. Die Qualität der Übersetzungen hat sich durch den Einsatz von Deep Learning in den letzten Jahren erheblich verbessert.

Sentimentanalyse: NLP kann verwendet werden, um die Stimmung in Texten zu analysieren, z. B. in Social-Media-Beiträgen oder Kundenbewertungen. Dies ermöglicht es Unternehmen, die Meinungen und Gefühle ihrer Kunden besser zu verstehen.

Die Auswirkungen auf Kommunikation und Interaktion

Veränderungen in der zwischenmenschlichen Kommunikation:

Beschleunigung und Globalisierung: Die Möglichkeit, in Echtzeit mit Menschen auf der ganzen Welt zu kommunizieren, hat die zwischenmenschliche Kommunikation revolutioniert. Dies ermöglicht eine schnellere Verbreitung von Informationen und den Austausch von Ideen über kulturelle Grenzen hinweg.

Neue Kommunikationskanäle: Die Vielfalt an Kommunikationskanälen (E-Mail, Messenger, soziale Medien, Videoanrufe) bietet Flexibilität, kann aber auch zu einer Überforderung führen. Die ständige Erreichbarkeit kann zu Stress und dem Gefühl der permanenten Verfügbarkeit führen.

Veränderte Kommunikationsstile: Die Verwendung von Emojis, GIFs, Memes und Abkürzungen hat neue Formen der nonverbalen Kommunikation geschaffen, kann aber auch zu Missverständnissen führen, insbesondere in interkulturellen Kontexten.

Oberflächlichkeit und Fragmentierung: Die ständige Erreichbarkeit und die Flut an Informationen können zu einer oberflächlichen und fragmentierten Kommunikation führen. Die Aufmerksamkeitsspanne sinkt, und die Fähigkeit zu tiefgründigen Gesprächen kann darunter leiden.

Beispiel: Die Verkürzung von Textnachrichten und die Verwendung von Emojis anstelle ausführlicherer Beschreibungen kann zu Missverständnissen führen, insbesondere wenn der Kontext nicht klar ist.

Die Rolle von Algorithmen in sozialen Medien:

Personalisierung und Filterblasen: Algorithmen personalisieren Inhalte basierend auf Nutzerdaten, was zu Filterblasen und Echokammern führen kann. Dies kann die Vielfalt der Informationen, denen wir ausgesetzt sind, einschränken und zu einer Verzerrung unserer Wahrnehmung der Realität führen.

Echokammern: In Echokammern werden bestehende Meinungen verstärkt und der Kontakt mit Andersdenkenden reduziert. Dies kann zu einer Polarisierung der Gesellschaft und einer Abnahme des gesellschaftlichen Zusammenhalts führen.

Beeinflussung der Meinungsbildung: Algorithmen können die Sichtbarkeit von Inhalten beeinflussen und somit die öffentliche Meinung manipulieren. Dies kann insbesondere im Zusammenhang mit politischen Wahlen und gesellschaftlichen Debatten problematisch sein.

Beispiel: Unterschiedliche politische Nachrichtenfeeds für Nutzer mit unterschiedlichen politischen Präferenzen können dazu führen, dass sich die Nutzer in unterschiedlichen „Realitäten" bewegen und kaum noch Gemeinsamkeiten finden.

Neue Kommunikationsformen:

Visuelle Kommunikation: Emojis, GIFs und Memes ermöglichen eine schnelle und emotionale Kommunikation und können komplexe Sachverhalte auf einfache Weise darstellen.

Kreativität und Humor: Sie fördern die Kreativität und den Humor in der Online-Kommunikation und können zur Entstehung neuer kultureller Phänomene beitragen.

Kulturelle Unterschiede und Missverständnisse: Die Interpretation visueller Kommunikation kann kulturell unterschiedlich sein und zu Missverständnissen führen. Ein Emoji, das in einer Kultur eine positive Bedeutung hat, kann in einer anderen Kultur negativ interpretiert werden.

Beispiel: Die unterschiedliche Verwendung und Interpretation von Emojis in verschiedenen Kulturen kann zu Missverständnissen in der interkulturellen Kommunikation führen.

Online-Identitäten:

Selbstinszenierung und „kuratierte" Realität: Nutzer präsentieren oft eine idealisierte Version von sich selbst online, was zu unrealistischen Erwartungen und sozialem Druck führen kann.

Vergleich und sozialer Druck: Der ständige Vergleich mit anderen in sozialen Medien kann negativen sozialen

Druck erzeugen und zu einem geringen Selbstwertgefühl führen.

Cybermobbing und Hate Speech: Anonymität und Reichweite im Internet begünstigen Cybermobbing und Hate Speech, was schwerwiegende psychische Folgen haben kann.

Beispiel: Der Druck, in sozialen Medien ein perfektes Leben darzustellen, kann zu Stress, Angstzuständen und Depressionen führen.

Die Herausforderungen der Online-Kommunikation:

Missverständnisse durch fehlende nonverbale Hinweise: Die fehlende Körpersprache und Mimik kann zu Missinterpretationen führen, insbesondere in Textnachrichten und E-Mails.

Cybermobbing und Hate Speech: Die Verbreitung von Hassreden und Mobbing im Internet stellt eine ernsthafte Bedrohung für die psychische Gesundheit und das soziale Zusammenleben dar.

Desinformation und Fake News: Die schnelle Verbreitung von Falschinformationen über soziale Medien kann die öffentliche Meinung manipulieren und das Vertrauen in traditionelle Medien untergraben.

Beispiel: Ein ironischer Kommentar, der online missverstanden wird, weil der Tonfall nicht erkennbar ist, kann zu Konflikten führen.

Die digitale Revolution und die Fortschritte im Bereich der KI haben unsere Kommunikation und Interaktion grundlegend verändert. Diese Veränderungen bieten sowohl Chancen als auch Herausforderungen. Die Möglichkeit der globalen Vernetzung und des schnellen Informationsaustauschs stehen den Risiken von Filterblasen, Cybermobbing und Desinformation gegenüber. Es ist entscheidend, diese Entwicklungen kritisch zu reflektieren und einen bewussten Umgang mit digitalen Technologien zu pflegen. Im nächsten Kapitel werden wir uns genauer mit den menschlichen Bedürfnissen nach Verbindung und sozialem Austausch im digitalen Zeitalter auseinandersetzen und untersuchen, wie diese Bedürfnisse durch die digitale Transformation beeinflusst werden.

Kapitel 2: Die menschliche Natur im digitalen Zeitalter

Der Mensch ist von Natur aus ein soziales Wesen. Unsere Bedürfnisse nach Verbindung, Zugehörigkeit, Empathie und sozialem Austausch sind tief in unserer Biologie und Psychologie verwurzelt. Diese Bedürfnisse sind fundamental für unser Wohlbefinden, unsere psychische Gesundheit und unser Überleben als Spezies. Seit Anbeginn der Menschheit haben wir in Gruppen gelebt, uns gegenseitig unterstützt und voneinander gelernt. Doch die digitale Revolution und die zunehmende Verlagerung unseres Lebens in den virtuellen Raum stellen diese fundamentalen Bedürfnisse vor neue Herausforderungen. In diesem Kapitel untersuchen wir, wie diese Transformation unsere tiefsten sozialen Bedürfnisse beeinflusst. Wir betrachten sowohl die positiven als auch die negativen Auswirkungen und versuchen, ein differenziertes Bild zu zeichnen."

Die fundamentalen menschlichen Bedürfnisse

Das Bedürfnis nach Verbindung und Zugehörigkeit: Der Mensch ist ein soziales Wesen mit einem tief verwurzelten Bedürfnis nach Verbindung und Zugehörigkeit zu einer Gruppe. Dieses Bedürfnis ist evolutionär bedingt und hat uns das Überleben in der Gruppe gesichert. Die Zugehörigkeit zu einer Gruppe bietet Schutz, Unterstützung und ein Gefühl der Identität. Dieses Bedürfnis manifestiert sich in verschiedenen Formen, wie z.B. Freundschaften, Familienbanden, Partnerschaften und der Zugehörigkeit zu Gemeinschaften.

Das Bedürfnis nach Empathie: Empathie ist die Fähigkeit, die Gefühle anderer zu verstehen und darauf einzugehen. Sie ist die Grundlage für Mitgefühl, Vertrauen, Kooperation und soziale Harmonie. Empathie ermöglicht es uns, uns in andere hineinzuversetzen und ihre Perspektiven zu verstehen. Sie spielt eine entscheidende Rolle bei der Bildung und Aufrechterhaltung von sozialen Beziehungen.

Das Bedürfnis nach sozialem Austausch: Der soziale Austausch beschreibt den Prozess des Gebens und Nehmens in sozialen Beziehungen. Dieser Austausch kann in Form von Informationen, Unterstützung, emotionaler Nähe, materiellen Gütern oder Dienstleistungen stattfinden. Er ist essenziell für die Aufrechterhaltung sozialer Beziehungen und das Gefühl der Gegenseitigkeit. Ein ausgewogener sozialer

Austausch trägt zu unserem Wohlbefinden und unserer Zufriedenheit bei.

Psychologische und neurologische Grundlagen:
Studien haben gezeigt, dass soziale Interaktionen die Ausschüttung von Oxytocin fördern, einem Hormon, das mit Bindung, Vertrauen und sozialen Beziehungen in Verbindung gebracht wird. Die Aktivierung bestimmter Hirnareale, wie z.B. des präfrontalen Kortex und des limbischen Systems, spielt ebenfalls eine wichtige Rolle bei der Verarbeitung sozialer Informationen und Emotionen.

Die Auswirkungen der Digitalisierung auf die menschlichen Bedürfnisse

Positive Auswirkungen:

Erweiterung des sozialen Netzwerks: Digitale Technologien ermöglichen es uns, mit Menschen auf der ganzen Welt in Kontakt zu treten und unser soziales Netzwerk über geografische und kulturelle Grenzen hinweg zu erweitern.

Aufrechterhaltung von Beziehungen über Distanz: Sie erleichtern die Aufrechterhaltung von Beziehungen über große Entfernungen hinweg durch Videoanrufe, Messenger-Dienste und soziale Medien.

Zugang zu Unterstützungsgruppen: Online-Foren, soziale Medien und spezialisierte Plattformen bieten Zugang zu Unterstützungsgruppen für Menschen mit ähnlichen Interessen, Herausforderungen oder Erkrankungen. Dies kann besonders für Menschen in ländlichen Gebieten oder mit seltenen Erkrankungen von Vorteil sein.

Neue Formen der Gemeinschaftsbildung: Online-Communities und virtuelle Welten ermöglichen die Bildung neuer Formen der Gemeinschaft, die auf gemeinsamen Interessen, Hobbys oder Zielen basieren.

Beispiel: Eine Online-Community für Menschen mit einer seltenen Krankheit, in der sie sich austauschen, unterstützen und Informationen teilen können.

Negative Auswirkungen:

Verlust an direkter Interaktion: Die zunehmende Verlagerung der Kommunikation in den digitalen Raum kann zu einem Verlust an direkter Interaktion und nonverbaler Kommunikation führen. Mimik, Gestik, Körperhaltung und Tonfall spielen eine wichtige Rolle in der zwischenmenschlichen Kommunikation und gehen in der digitalen Kommunikation oft verloren.

Oberflächlichkeit der Beziehungen: Die große Anzahl an Online-Kontakten kann zu einer Oberflächlichkeit der Beziehungen führen. Es fehlt oft die Zeit und die Möglichkeit, tiefe und bedeutungsvolle Beziehungen online aufzubauen.

Soziale Isolation und Einsamkeit: Paradoxerweise kann die ständige Vernetzung im Internet zu sozialer Isolation und Einsamkeit führen. Menschen verbringen möglicherweise mehr Zeit online als mit realen sozialen Interaktionen.

Verstärkung sozialer Vergleiche: Soziale Medien können soziale Vergleiche und Neid verstärken, was negative Auswirkungen auf das Selbstwertgefühl und die psychische Gesundheit haben kann. Der ständige Blick auf die „perfekten" Leben anderer in den sozialen Medien kann zu unrealistischen Erwartungen und einem Gefühl der Unzulänglichkeit führen.

Cybermobbing und soziale Ausgrenzung: Digitale Plattformen können auch für Cybermobbing, Hate Speech und soziale Ausgrenzung missbraucht werden. Die Anonymität und Reichweite des Internets können diese Phänomene verstärken.

Beispiel: Eine Person, die sich durch ständige Vergleiche mit anderen in den sozialen Medien minderwertig fühlt und sich zunehmend zurückzieht.

Die digitale Kluft und ihre Folgen

Die digitale Kluft bezeichnet den ungleichen Zugang zu digitalen Technologien und dem Internet. Dieser ungleiche Zugang kann verschiedene Ursachen haben, wie z.B. mangelnde Infrastruktur, hohe Kosten für Geräte und Internetzugang, fehlende digitale Kompetenzen oder soziale und kulturelle Barrieren.

Die digitale Kluft hat weitreichende soziale und wirtschaftliche Folgen. Menschen ohne Zugang zu digitalen Technologien sind von vielen Bereichen des gesellschaftlichen Lebens ausgeschlossen. Sie haben geringere Chancen auf Bildung, Arbeit, soziale Teilhabe und den Zugang zu wichtigen Informationen und Dienstleistungen.

Die digitale Kluft kann bestehende soziale Ungleichheiten verstärken und zu einer weiteren Spaltung der Gesellschaft führen. Es ist daher wichtig, Maßnahmen zu ergreifen, um den Zugang zu digitalen Technologien und die Entwicklung digitaler Kompetenzen für alle zu fördern.

Beispiel: Menschen in ländlichen Gebieten mit schlechter Internetanbindung haben oft Schwierigkeiten, an Online-Bildungsangeboten teilzunehmen oder digitale Dienstleistungen zu nutzen.

Die Digitalisierung beeinflusst unsere fundamentalen menschlichen Bedürfnisse nach Verbindung, Empathie und sozialem Austausch auf vielfältige und komplexe Weise. Es gibt sowohl positive als auch negative Auswirkungen. Während digitale Technologien uns neue Möglichkeiten der Vernetzung und des sozialen Austauschs eröffnen, bergen sie auch Risiken wie soziale Isolation, Oberflächlichkeit der Beziehungen und die Verstärkung sozialer Ungleichheiten. Es ist daher entscheidend, sich dieser Auswirkungen bewusst zu sein und Strategien zu entwickeln, um die positiven Aspekte zu fördern und die negativen zu minimieren. Ein bewusster und reflektierter Umgang mit digitalen Technologien ist unerlässlich, um sicherzustellen, dass die digitale Transformation nicht zu einer Entfremdung von unseren grundlegenden menschlichen Bedürfnissen führt. Im nächsten Kapitel werden wir uns mit den gängigen Meinungen über KI auseinandersetzen und versuchen, ein realistisches Bild dieser Technologie zu zeichnen.

Kapitel 3: KI im Alltag – Freund oder Feind?

Die öffentliche Wahrnehmung von Künstlicher Intelligenz (KI) ist oft von Extremen geprägt. Auf der einen Seite steht die Faszination und die Hoffnung auf revolutionäre Lösungen für globale Probleme wie den Klimawandel, Krankheiten oder Armut. Auf der anderen Seite gibt es Ängste vor Kontrollverlust, Massenarbeitslosigkeit durch Automatisierung und einer dystopischen Zukunft, in der Maschinen die Herrschaft über die Menschheit übernehmen. Filme wie „Terminator" oder „Matrix" haben diese Ängste in der Popkultur stark verankert. Dieses Kapitel versucht, ein realistisches Bild von KI zu zeichnen, indem es gängige Mythen entkräftet und die tatsächlichen Möglichkeiten und Grenzen der Technologie aufzeigt. Wir wollen die Frage „Freund oder Feind?" differenziert beantworten und den Fokus auf die realen Auswirkungen von KI in unserem Alltag legen.

Gängige Mythen über KI

Mythos 1: KI ist intelligent wie der Mensch (oder sogar intelligenter): Dieser Mythos beruht auf dem Missverständnis, dass KI eine einheitliche Form von Intelligenz besitzt. Wir müssen klar zwischen enger/schwacher KI und allgemeiner/starker KI (AGI) unterscheiden. Die heutige KI ist fast ausschließlich enge KI. Sie ist hochspezialisiert auf bestimmte Aufgaben, wie z.B. Schachspielen, Bilderkennung oder Spracherkennung, aber sie besitzt kein allgemeines Verständnis der Welt und kann keine Aufgaben außerhalb ihres Spezialgebiets lösen. Die Vorstellung einer „Superintelligenz", die den Menschen in allen Bereichen übertrifft (AGI), ist derzeit noch Science-Fiction. Es gibt zwar intensive Forschung in diesem Bereich, aber es ist noch unklar, ob und wann AGI-Realität werden könnte.

Mythos 2: KI ist immer objektiv und unvoreingenommen: Dieser Mythos ignoriert das Problem der algorithmischen Voreingenommenheit (Bias). KI-Systeme lernen aus Daten, und wenn diese Daten menschliche Vorurteile oder Ungleichheiten widerspiegeln, werden diese in den Algorithmus übernommen und können zu diskriminierenden oder unfairen Ergebnissen führen. Beispielsweise können Gesichtserkennungssysteme schlechter darin sein, Gesichter von Menschen mit dunkler Hautfarbe zu erkennen, wenn sie hauptsächlich mit Bildern von Menschen mit heller Hautfarbe trainiert wurden.

Mythos 3: KI wird alle Arbeitsplätze vernichten: Es ist unbestreitbar, dass KI und Automatisierung einige Arbeitsplätze verändern oder ersetzen werden, insbesondere repetitive und manuelle Tätigkeiten. Allerdings entstehen auch neue Arbeitsplätze im Zusammenhang mit der Entwicklung, Implementierung und Wartung von KI-Systemen. Zudem kann KI menschliche Arbeitskräfte ergänzen und von Routineaufgaben entlasten, sodass sich Menschen auf komplexere und kreativere Tätigkeiten konzentrieren können. Die Herausforderung besteht darin, die Menschen durch Weiterbildung und Umschulung auf die veränderten Anforderungen des Arbeitsmarktes vorzubereiten.

Mythos 4: KI ist eine „Black Box", die niemand versteht: Gerade im Bereich des Deep Learning können die Entscheidungen von KI-Systemen schwer nachvollziehbar sein. Dies liegt daran, dass die komplexen neuronalen Netze, auf denen Deep Learning basiert, viele Schichten von Berechnungen durchführen, deren genaue Funktionsweise oft schwer zu interpretieren ist. Allerdings wird intensiv an der Entwicklung von Methoden gearbeitet, um diese „Black Box" zu öffnen und die Entscheidungen von KI-Systemen transparenter und nachvollziehbarer zu machen (Explainable AI – XAI). Transparenz und Nachvollziehbarkeit sind entscheidend, um Vertrauen in KI-Systeme aufzubauen und ethische Bedenken auszuräumen.

Mythos 5: KI hat ein Bewusstsein oder Gefühle: Die heutige KI basiert auf Algorithmen und Datenverarbeitung. Sie simuliert bestimmte Aspekte menschlicher Intelligenz, besitzt aber kein Bewusstsein, keine Gefühle und keine subjektiven Erfahrungen. Sie kann keine eigenen Ziele setzen oder moralische Entscheidungen treffen. Die Vorstellung von KI mit Bewusstsein oder Gefühlen ist derzeit reine Spekulation und Gegenstand philosophischer Debatten.

Reale Möglichkeiten und Grenzen der KI

Möglichkeiten:

Automatisierung von Routineaufgaben: KI kann repetitive und zeitaufwendige Aufgaben automatisieren und so menschliche Arbeitskraft freisetzen, z.B. in der Produktion, im Kundenservice oder in der Datenverarbeitung.

Datenanalyse und -verarbeitung: KI kann riesige Datenmengen schnell und effizient analysieren und Muster, Trends und Zusammenhänge erkennen, die für den Menschen schwer oder unmöglich zu erkennen wären. Dies ist besonders wertvoll in Bereichen wie der Medizin, der Finanzwelt oder der Wissenschaft.

Verbesserung von Entscheidungsprozessen: KI kann Entscheidungsprozesse unterstützen, indem sie relevante Informationen bereitstellt, Vorhersagen trifft und verschiedene Szenarien simuliert. Dies kann zu fundierteren und effizienteren Entscheidungen führen.

Personalisierung von Dienstleistungen und Produkten: KI ermöglicht die Personalisierung von Dienstleistungen und Produkten, um den individuellen Bedürfnissen und Präferenzen der Nutzer besser gerecht zu werden, z.b. personalisierte Empfehlungen, individualisierte Lernpfade oder maßgeschneiderte medizinische Behandlungen.

Grenzen:

Abhängigkeit von Daten: KI-Systeme sind stark von der Qualität und Quantität der Daten abhängig, mit denen sie trainiert werden. Fehlende, unvollständige, verzerrte oder fehlerhafte Daten können zu ungenauen, unfairen oder sogar schädlichen Ergebnissen führen.

Mangel an allgemeiner Intelligenz und gesundem Menschenverstand: Die heutige KI besitzt keinen gesunden Menschenverstand und kann keine Aufgaben außerhalb ihres spezifischen Anwendungsbereichs lösen. Sie kann keine abstrakten Konzepte verstehen, keine kreativen Lösungen entwickeln oder sich flexibel an neue Situationen anpassen.

Ethische Herausforderungen: Der Einsatz von KI wirft eine Reihe von ethischen Fragen auf, z.B. im Bereich Datenschutz, Privatsphäre, Verantwortlichkeit bei Fehlentscheidungen, algorithmische Voreingenommenheit und die Auswirkungen auf den Arbeitsmarkt.

Beispiele für den aktuellen Einsatz von KI in verschiedenen Lebensbereichen

Medizin: KI wird eingesetzt zur Diagnose von Krankheiten (z.B. Krebsfrüherkennung durch Bildanalyse), zur Entwicklung neuer Medikamente (z.B. durch die Analyse von Genomen), zur personalisierten Medizin (z.B. maßgeschneiderte Behandlungspläne) und zur robotergestützten Chirurgie.

Bildung: KI wird eingesetzt zur Entwicklung personalisierter Lernplattformen, zur automatischen Bewertung von Aufgaben, zur Unterstützung von Lehrkräften bei der Unterrichtsplanung und zur Bereitstellung von individualisierten Lerninhalten.

Wirtschaft: KI wird eingesetzt zur Automatisierung von Produktionsprozessen (z.B. in der Fertigung), zur Kundenbetreuung durch Chatbots, zur Betrugserkennung im Finanzwesen, zur Optimierung von Lieferketten und zur personalisierten Werbung.

Transport: KI ist die Grundlage für die Entwicklung autonomer Fahrzeuge, die den Verkehr sicherer und effizienter machen könnten. Sie wird auch zur Optimierung von Verkehrsströmen und zur Vorhersage von Verkehrsaufkommen eingesetzt.

Umwelt: KI wird eingesetzt zur Klimaforschung (z.B. zur Analyse von Klimadaten), zur Überwachung von Ökosystemen (z.B. zur Erkennung von

Umweltverschmutzung) und zur Optimierung des Energieverbrauchs.

KI ist weder ein allmächtiger Freund noch ein bedrohlicher Feind. Es handelt sich um ein mächtiges Werkzeug mit spezifischen Möglichkeiten und Grenzen. Es ist wichtig, die Technologie realistisch einzuschätzen, gängige Mythen zu entkräften und sich kritisch mit den ethischen Fragen auseinanderzusetzen, die ihr Einsatz aufwirft. Nur so können wir sicherstellen, dass KI zum Wohle der Menschheit eingesetzt wird. Im nächsten Teil des Buches werden wir uns genauer mit den Chancen der KI für die menschliche Verbindung beschäftigen und untersuchen, wie KI uns dabei helfen kann, bessere Beziehungen aufzubauen und eine stärkere Gesellschaft zu schaffen.

Kapitel 4: KI als Brückenbauer – Überwindung von Barrieren

Nachdem wir uns in den vorherigen Kapiteln mit den Grundlagen der digitalen Revolution, den menschlichen Bedürfnissen im digitalen Zeitalter und den gängigen Meinungen über KI auseinandergesetzt haben, wenden wir uns nun den positiven Aspekten der KI zu. Dieses Kapitel beleuchtet, wie KI als Brückenbauer fungieren und dazu beitragen kann, verschiedene Arten von Barrieren in der menschlichen Kommunikation und Interaktion zu überwinden. Wir werden uns auf sprachliche, kulturelle und soziale Barrieren konzentrieren und Beispiele für innovative Anwendungen vorstellen, die das Potenzial der KI für eine inklusivere und vernetzter Welt verdeutlichen.

Überwindung sprachlicher Barrieren

Automatische Übersetzung – Eine Revolution der Kommunikation: Die automatische Übersetzung hat sich in den letzten Jahren dank Fortschritten im Bereich des Deep Learning rasant entwickelt. Sie ist nun in der Lage, Texte und sogar gesprochene Sprache in Echtzeit mit erstaunlicher Genauigkeit zu übersetzen. Dies eröffnet völlig neue Möglichkeiten für die globale Kommunikation und Zusammenarbeit.

Beispiele für transformative Anwendungen:

Online-Übersetzungstools: Plattformen wie Google Translate, DeepL und Microsoft Translator ermöglichen es Einzelpersonen und Unternehmen, Texte, Webseiten und Dokumente schnell und einfach in eine Vielzahl von Sprachen zu übersetzen. Dies erleichtert den Zugang zu Informationen und fördert den interkulturellen Austausch.

Dolmetscher-Apps: Apps wie Google Translate oder iTranslate bieten Echtzeit-Übersetzungen von gesprochener Sprache und ermöglichen so die direkte Kommunikation zwischen Menschen, die unterschiedliche Sprachen sprechen. Dies ist besonders nützlich in Reise-, Geschäfts- und Notfallsituationen.

Untertitel und Synchronisation für globale Reichweite: KI wird zunehmend eingesetzt, um Filme, Serien, Videos und Online-Kurse automatisch zu untertiteln oder zu synchronisieren. Dies macht Inhalte einem globalen Publikum zugänglich und fördert den kulturellen Austausch.

Interkulturelle Kommunikation im Geschäftsleben und in der Diplomatie: KI-gestützte Übersetzungstools erleichtern die Kommunikation zwischen Unternehmen und Kunden aus verschiedenen Ländern und Kulturen und spielen eine wichtige Rolle in der internationalen Diplomatie und Zusammenarbeit.

Sprachlern-Apps: KI-basierte Sprachlern-Apps personalisieren den Lernprozess und bieten interaktive Übungen, die auf die individuellen Bedürfnisse der Lernenden zugeschnitten sind.

Vorteile für eine vernetzte Welt: Die automatische Übersetzung trägt maßgeblich zur Überwindung sprachlicher Barrieren bei und fördert so die globale Vernetzung, den Wissensaustausch, den Handel und die kulturelle Vielfalt. Sie ermöglicht es Menschen, miteinander in Kontakt zu treten, unabhängig von ihrer Muttersprache.

Herausforderungen und zukünftige Entwicklungen: Obwohl die automatische Übersetzung große Fortschritte gemacht hat, gibt es weiterhin Herausforderungen, insbesondere bei der Übersetzung von idiomatischen Ausdrücken, kulturellen Kontexten und emotionalen Nuancen. Die Forschung arbeitet jedoch kontinuierlich an der Verbesserung der Technologie, um diese Herausforderungen zu meistern.

Überwindung kultureller Barrieren

KI für interkulturelles Verständnis: KI kann nicht nur sprachliche, sondern auch kulturelle Barrieren überwinden, indem sie uns hilft, kulturelle Unterschiede besser zu verstehen und Missverständnisse in der interkulturellen Kommunikation zu vermeiden.

Innovative Anwendungen für den kulturellen Austausch:

Kulturell sensible Chatbots und virtuelle Assistenten: KI-basierte Chatbots und virtuelle Assistenten können so trainiert werden, dass sie kulturelle Unterschiede in der Kommunikation berücksichtigen und ihre Antworten und ihr Verhalten entsprechend anpassen. Dies trägt zu einer respektvolleren und effektiveren Kommunikation bei.

Personalisierte interkulturelle Lernplattformen: KI kann personalisierte Lernplattformen für interkulturelle Kommunikation entwickeln, die Nutzern helfen, die kulturellen Normen, Werte und Gepflogenheiten anderer Länder und Kulturen besser zu verstehen.

Analyse von kulturellen Daten für tiefere Einblicke: KI kann große Mengen an kulturellen Daten analysieren (z.B. Social-Media-Beiträge, kulturelle Artefakte, historische Dokumente) und Muster erkennen, die wertvolle Einblicke in die Werte, Überzeugungen und Verhaltensweisen verschiedener Kulturen geben. Dies kann zu einem besseren Verständnis kultureller

Unterschiede und zur Förderung des interkulturellen Dialogs beitragen.

Empfehlungssysteme für kulturelle Inhalte: KI-basierte Empfehlungssysteme können Nutzern kulturelle Inhalte empfehlen, die ihren Interessen und ihrem kulturellen Hintergrund entsprechen und so den Zugang zu vielfältigen kulturellen Erfahrungen ermöglichen.

Vorteile für eine tolerantere Gesellschaft: Durch die Förderung des interkulturellen Verständnisses kann KI dazu beitragen, Stereotypen und Vorurteile abzubauen und eine tolerantere und inklusivere Gesellschaft zu schaffen.

Herausforderungen und ethische Aspekte: Es ist wichtig, bei der Entwicklung und Anwendung von KI im interkulturellen Kontext ethische Aspekte zu berücksichtigen, wie z.B. die Gefahr der kulturellen Aneignung, die Verzerrung kultureller Informationen durch algorithmische Voreingenommenheit und die Notwendigkeit, kulturelle Nuancen und Sensibilitäten angemessen zu berücksichtigen.

Überwindung sozialer Barrieren

KI für Inklusion und Barrierefreiheit: KI kann eine entscheidende Rolle bei der Überwindung sozialer Barrieren spielen, indem sie die Inklusion von Menschen mit Behinderungen fördert und ihnen ein selbstständigeres und erfüllteres Leben ermöglicht.

Revolutionäre assistive Technologien:

Sprachassistenten für mehr Autonomie:
Sprachassistenten wie Siri, Alexa und Google Assistant
ermöglichen es Menschen mit Sehbehinderungen oder
motorischen Einschränkungen, Geräte zu bedienen,
Informationen abzurufen und Aufgaben zu erledigen,
ohne auf die Hilfe anderer angewiesen zu sein.

Screenreader für den Zugang zu digitalen Inhalten:
Screenreader verwenden KI, um Texte auf Bildschirmen
in Sprache umzuwandeln und so sehbehinderten
Menschen den Zugang zu digitalen Inhalten zu
ermöglichen.

**Automatische Untertitel und Transkriptionen für
Hörgeschädigte:** KI-basierte Systeme können Videos
und Audiodateien automatisch untertiteln oder
transkribieren und so hörgeschädigten Menschen den
Zugang zu diesen Inhalten ermöglichen.

Exoskelette und Prothesen für mehr Mobilität: KI-
gesteuerte Exoskelette und Prothesen können Menschen
mit motorischen Einschränkungen mehr Mobilität und
Unabhängigkeit ermöglichen.

**Kommunikationshilfen für Menschen mit
Sprachbehinderungen:** KI kann Kommunikationshilfen
entwickeln, die es Menschen mit Sprachbehinderungen
ermöglichen, sich besser auszudrücken und mit anderen
zu kommunizieren.

Barrierefreie Online-Plattformen und Apps: KI kann eingesetzt werden, um Online-Plattformen und Apps barrierefreier zu gestalten, z.B. durch automatische Bildbeschreibungen für sehbehinderte Nutzer, intuitive Navigation und anpassbare Benutzeroberflächen.

Vorteile für eine inklusive Gesellschaft: Durch die Entwicklung und den Einsatz von assistiven Technologien trägt KI dazu bei, soziale Barrieren abzubauen und eine inklusivere Gesellschaft zu schaffen, in der alle Menschen gleichberechtigt teilhaben können.

Herausforderungen und Zugänglichkeit: Es ist wichtig, sicherzustellen, dass assistive Technologien für alle zugänglich und bezahlbar sind. Zudem müssen diese Technologien an die individuellen Bedürfnisse der Nutzer angepasst werden und kontinuierlich weiterentwickelt werden.

KI bietet immense Möglichkeiten, Barrieren in der menschlichen Kommunikation und Interaktion zu überwinden. Durch automatische Übersetzung, interkulturelle Lernplattformen und assistive Technologien kann KI dazu beitragen, eine inklusivere, vernetztere und gerechtere Welt zu schaffen. Es ist jedoch wichtig, die Technologie verantwortungsbewusst einzusetzen, die ethischen Implikationen zu berücksichtigen und sicherzustellen, dass alle Menschen von den Vorteilen der KI profitieren können. Im nächsten Kapitel werden wir uns mit der überraschenden Verbindung von Empathie und KI auseinandersetzen.

Kapitel 5: Empathie und KI – Eine überraschende Verbindung

Empathie, die Fähigkeit, die Gefühle anderer zu erkennen, zu verstehen und mit ihnen mitzufühlen, gilt als eine genuin menschliche Eigenschaft. Lange Zeit schien es unvorstellbar, dass Maschinen jemals Empathie besitzen könnten. Doch die Fortschritte im Bereich der affektiven Informatik und der emotionalen KI eröffnen überraschende Perspektiven. Dieses Kapitel untersucht die Möglichkeit, dass KI uns nicht nur helfen kann, die Emotionen anderer besser zu verstehen, sondern auch unsere eigene Empathiefähigkeit zu verbessern. Wir werden uns mit den Grundlagen der emotionalen KI, aktuellen Forschungsprojekten und den potenziellen Anwendungen dieser Technologie auseinandersetzen.

Die Grundlagen der emotionalen KI

Was ist emotionale KI? Wir definieren den Begriff „emotionale KI" (auch bekannt als affektive Informatik) und erklären, dass es sich um ein interdisziplinäres Forschungsgebiet handelt, das sich mit der Entwicklung von Systemen befasst, die Emotionen erkennen, interpretieren, verarbeiten und sogar simulieren können.

Methoden der Emotionserkennung: Wir beschreiben die verschiedenen Methoden, mit denen KI-Emotionen erkennen kann:

Gesichtsausdrucksanalyse: KI-Systeme analysieren Gesichtsausdrücke mithilfe von Bilderkennung und Deep Learning, um Emotionen wie Freude, Trauer, Wut oder Überraschung zu erkennen.

Sprachanalyse: KI kann die Stimme analysieren, um emotionale Zustände wie Stress, Nervosität oder Freude zu erkennen. Dabei werden Merkmale wie Tonhöhe, Sprechgeschwindigkeit und Lautstärke analysiert.

Textanalyse (Sentimentanalyse): Mithilfe von Natural Language Processing (NLP) kann KI-Texte analysieren, um die darin enthaltene Stimmung (z.B. positiv, negativ, neutral) zu erkennen. Dies wird z.B. in der Analyse von Social-Media-Beiträgen oder Kundenbewertungen eingesetzt.

Physiologische Messungen: In einigen Forschungsarbeiten werden auch physiologische

Messungen wie Herzfrequenz, Hautleitfähigkeit oder Hirnaktivität verwendet, um Emotionen zu erfassen.

Herausforderungen der Emotionserkennung: Wir diskutieren die Herausforderungen der Emotionserkennung, wie z.B. die Subjektivität von Emotionen, kulturelle Unterschiede im Ausdruck von Emotionen und die Schwierigkeit, komplexe emotionale Zustände zu erfassen.

KI zur Verbesserung der Empathie-Fähigkeit

KI als Spiegel für unsere Emotionen: Wir erklären, wie KI uns helfen kann, uns unserer eigenen Emotionen bewusster zu werden, indem sie uns Feedback zu unserem emotionalen Ausdruck gibt.

Beispiele für Anwendungen:

Empathische Chatbots: KI-basierte Chatbots können so trainiert werden, dass sie auf die emotionalen Zustände der Nutzer reagieren und empathische Antworten geben. Dies kann in der psychologischen Beratung oder im Kundenservice eingesetzt werden.

Virtuelle Realität (VR) und Empathie: VR-Umgebungen in Kombination mit emotionaler KI können genutzt werden, um Nutzern in die Perspektive anderer zu versetzen und so ihr Empathievermögen zu stärken. Beispielsweise könnten Nutzer in einer VR-Simulation die Welt aus der Sicht einer Person mit einer Behinderung erleben.

Trainingsprogramme für soziale Kompetenzen: KI-gestützte Trainingsprogramme können genutzt werden, um soziale Kompetenzen wie Empathie, Kommunikationsfähigkeit und Konfliktlösung zu trainieren.

KI zur besseren Interpretation der Emotionen anderer: Wir erläutern, wie KI uns helfen kann, die Emotionen anderer besser zu verstehen, indem sie uns Informationen über deren emotionalen Ausdruck liefert.

Beispiele für Anwendungen:

Assistive Technologien für Menschen mit Autismus: KI kann Menschen mit Autismus helfen, die oft Schwierigkeiten haben, die Emotionen anderer zu interpretieren, indem sie ihnen Informationen über Gesichtsausdrücke, Tonfall und Körpersprache liefert.

Verbesserung der interkulturellen Kommunikation: KI kann dazu beitragen, Missverständnisse in der interkulturellen Kommunikation zu vermeiden, indem sie kulturelle Unterschiede im Ausdruck von Emotionen berücksichtigt.

Ethische Überlegungen: Wir diskutieren die ethischen Implikationen des Einsatzes von emotionaler KI, wie z.B. den Datenschutz, die Gefahr der Manipulation und die Frage, ob Maschinen jemals wirklich Empathie empfinden können.

Forschungsprojekte und aktuelle Entwicklungen

Die Forschung im Bereich der emotionalen KI ist dynamisch und vielfältig. Hier sind einige Beispiele für aktuelle Forschungsprojekte und Entwicklungen, die das Potenzial dieser Technologie verdeutlichen:

Affective Computing zur Verbesserung der psychischen Gesundheit: Forscher arbeiten an KI-Systemen, die mithilfe von Gesichtsausdrucksanalyse, Sprachanalyse und Textanalyse psychische Zustände wie Depressionen, Angstzustände oder Stress erkennen können. Diese Systeme könnten in Zukunft zur Früherkennung von psychischen Erkrankungen oder zur Unterstützung von Therapeuten eingesetzt werden.

Beispiel: Studien, die KI zur Analyse von Therapiesitzungen verwenden, um emotionale Reaktionen von Patienten zu erkennen und so den Therapieerfolg zu verbessern. (Siehe z.B. die MDR-Studie, die du in den Suchergebnissen gefunden hast: KI erkennt verlässlich Emotionen von psychotherapeutischen Patienten)

Empathische Chatbots für den Kundenservice und die soziale Interaktion: Unternehmen und Forschungseinrichtungen entwickeln Chatbots, die nicht nur auf Fragen antworten, sondern auch auf die emotionalen Zustände der Nutzer reagieren können. Diese empathischen Chatbots könnten in Zukunft im

Kundenservice, in der Bildung oder in der sozialen
Interaktion eingesetzt werden.

Beispiel: Projekte, die Chatbots entwickeln, die
Trauernde unterstützen oder Menschen mit Einsamkeit
helfen können.

**KI zur Verbesserung der Mensch-Computer-
Interaktion:** Forscher arbeiten an KI-Systemen, die die
emotionalen Zustände der Nutzer erkennen und die
Interaktion mit Computern und anderen Geräten
entsprechend anpassen können. Dies könnte zu einer
intuitiveren und angenehmeren Benutzererfahrung
führen.

Beispiel: Systeme, die die Musik oder die Beleuchtung
automatisch an die Stimmung des Nutzers anpassen.

Multimodale Emotionserkennung: Ein wichtiger
Forschungsbereich ist die multimodale
Emotionserkennung, die verschiedene Datenquellen wie
Gesichtsausdrücke, Stimme, Text und physiologische
Messungen kombiniert, um ein umfassenderes Bild der
emotionalen Zustände zu erhalten.

Beispiel: Forschung am Fraunhofer IIS im Bereich
"Emotion AI" (Emotion AI - Fraunhofer IIS), die
multimodalen Analysen zur Erfassung unbewusster
Reaktionen durchführen.

Ethische Aspekte in der Forschung: Die Forschung im
Bereich der emotionalen KI berücksichtigt zunehmend
ethische Aspekte wie Datenschutz, Privatsphäre,

Transparenz und Verantwortlichkeit. Es ist wichtig sicherzustellen, dass diese Technologien verantwortungsbewusst eingesetzt werden und keine negativen Auswirkungen auf die Nutzer haben.

Beispiel: Die Diskussionen um den EU AI Act und die darin enthaltenen Regulierungen für Systeme zur Emotionserkennung (Affective Computing: Wie KI-Algorithmen unsere Gefühle erfassen).

Es ist wichtig zu betonen, dass die Forschung im Bereich der emotionalen KI noch relativ jung ist und sich schnell weiterentwickelt. Es gibt noch viele offene Fragen und Herausforderungen, aber das Potenzial dieser Technologie ist enorm.

Die Verbindung von Empathie und KI mag zunächst überraschend erscheinen, doch die Fortschritte in der Forschung zeigen, dass KI uns auf vielfältige Weise helfen kann, unsere eigene Empathiefähigkeit zu verbessern und die Emotionen anderer besser zu verstehen. Dies eröffnet spannende Möglichkeiten für die Entwicklung neuer Anwendungen in Bereichen wie Bildung, Gesundheitswesen, Kundenservice und interkulturelle Kommunikation. Von der Unterstützung psychisch Kranker bis zur Verbesserung der Mensch-Computer-Interaktion – die Einsatzmöglichkeiten sind vielfältig. Es ist jedoch wichtig, die ethischen Implikationen dieser Technologie sorgfältig zu prüfen und einen verantwortungsbewussten Umgang mit ihr zu gewährleisten. Nur so können wir sicherstellen, dass die emotionale KI zum Wohle der Menschheit eingesetzt wird und nicht zu neuen Formen der Überwachung oder

Manipulation führt. Im nächsten Kapitel werden wir uns mit den neuen Formen der Gemeinschaft und der digitalen Verbundenheit auseinandersetzen, die durch KI ermöglicht werden.

Kapitel 6: Neue Formen der Gemeinschaft – Digitale Verbundenheit

Die digitale Revolution hat nicht nur die Art und Weise verändert, wie wir kommunizieren und interagieren, sondern auch die Entstehung neuer Formen der Gemeinschaft ermöglicht. KI spielt dabei eine zunehmend wichtige Rolle, indem sie Menschen mit gemeinsamen Interessen, Zielen oder Herausforderungen auf innovative Weise verbindet. Dieses Kapitel untersucht, wie KI zur Bildung und Stärkung von Gemeinschaften im digitalen Raum beiträgt und welche Chancen und Herausforderungen damit verbunden sind.

Online-Communities und soziale Netzwerke

KI-gestützte Matching-Algorithmen: Wir erklären, wie KI-basierte Matching-Algorithmen in sozialen Netzwerken und Online-Communities Menschen mit ähnlichen Interessen, Hobbys, beruflichen Zielen oder persönlichen Herausforderungen zusammenbringen können. Diese Algorithmen analysieren Profile, Beiträge und Interaktionen der Nutzer, um passende Verbindungen herzustellen.

Moderation und Community Management: KI kann zur Moderation von Online-Communities eingesetzt werden, indem sie automatisch unangemessene Inhalte erkennt und entfernt, Spam filtert und Konflikte entschärft. Dies trägt zu einer positiven und sicheren Community-Atmosphäre bei.

Personalisierte Community-Erfahrung: KI kann die Community-Erfahrung personalisieren, indem sie Nutzern relevante Inhalte, Gruppen und Veranstaltungen vorschlägt, die auf ihren Interessen basieren.

Beispiele:

Berufliche Netzwerke: Plattformen wie LinkedIn nutzen KI, um Nutzern passende Kontakte, Jobangebote und Gruppen vorzuschlagen.

Dating-Apps: Dating-Apps verwenden KI, um Partnervorschläge basierend auf den Präferenzen und dem Verhalten der Nutzer zu machen.

Online-Foren und Interessengruppen: KI kann in Online-Foren und Interessengruppen eingesetzt werden, um die Kommunikation zu erleichtern, relevante Informationen zu filtern und neue Mitglieder zu integrieren.

Virtuelle und erweiterte Realität (VR/AR) und soziale Interaktion

Immersion und Präsenz: Wir erklären, wie Virtual Reality (VR) und Augmented Reality (AR) immersive Umgebungen schaffen, in denen Menschen virtuell interagieren und gemeinsam Erfahrungen machen können.

Neue Formen der sozialen Interaktion: VR/AR ermöglicht neue Formen der sozialen Interaktion, die über die Grenzen der physischen Welt hinausgehen. Menschen können sich in virtuellen Räumen treffen, gemeinsam spielen, lernen, arbeiten oder an Veranstaltungen teilnehmen, unabhängig von ihrem Standort.

KI in VR/AR: KI spielt eine wichtige Rolle in VR/AR, indem sie realistische Avatare, intelligente Umgebungen und interaktive Erlebnisse ermöglicht.

Beispiele:

Virtuelle Konferenzen und Meetings: VR ermöglicht realitätsnahe virtuelle Konferenzen und Meetings, bei denen sich Teilnehmer in einem virtuellen Raum treffen und interagieren können.

Soziale VR-Plattformen: Plattformen wie VRChat oder Rec Room bieten virtuelle Welten, in denen sich Menschen treffen, unterhalten und gemeinsam Aktivitäten unternehmen können.

AR-Spiele und soziale Interaktion: AR-Spiele wie Pokémon Go fördern die soziale Interaktion in der realen Welt, indem sie Menschen dazu anregen, sich draußen zu treffen und gemeinsam zu spielen.

KI und die Stärkung bestehender Gemeinschaften

Lokale Gemeinschaften und Nachbarschaftsnetzwerke: Wir erklären, wie KI dazu beitragen kann, lokale Gemeinschaften und Nachbarschaftsnetzwerke zu stärken, indem sie die Kommunikation und den Informationsaustausch erleichtert.

Bürgerbeteiligung und politische Teilhabe: KI kann eingesetzt werden, um Bürgerbeteiligungsprozesse zu unterstützen und die politische Teilhabe zu fördern, z.B. durch Online-Plattformen für Bürgerdialoge oder KI-gestützte Analysen von Bürgeranliegen.

Beispiele:

Nachbarschafts-Apps: Apps wie nebenan.de nutzen KI, um Nachbarn miteinander zu vernetzen und den Austausch von Informationen, Hilfe und Dienstleistungen zu erleichtern.

Online-Plattformen für Bürgerbeteiligung: Städte und Gemeinden nutzen Online-Plattformen, um Bürger in Entscheidungsprozesse einzubinden und Feedback einzuholen.

Herausforderungen und ethische Überlegungen

Die Möglichkeiten der KI zur Förderung von Gemeinschaft und digitaler Verbundenheit sind immens, doch es ist entscheidend, sich auch mit den damit verbundenen Herausforderungen und ethischen Implikationen auseinanderzusetzen. Ein unreflektierter Einsatz von KI in diesem Bereich kann unerwünschte Folgen haben.

Datenschutz und Privatsphäre:

Datensammlung und -verarbeitung: Online-Communities und soziale Netzwerke sammeln große Mengen an Nutzerdaten, die für KI-gestützte Funktionen wie Matching-Algorithmen oder personalisierte Empfehlungen verwendet werden. Es ist wichtig, transparent zu sein, welche Daten gesammelt werden, wie sie verwendet werden und wie die Privatsphäre der Nutzer geschützt wird.

Datenmissbrauch und Überwachung: Es besteht die Gefahr, dass Nutzerdaten missbraucht werden, z.B. für gezielte Werbung, Manipulation oder Überwachung. Es sind strenge Datenschutzrichtlinien und Maßnahmen erforderlich, um dies zu verhindern.

Beispiel: Der Cambridge-Analytica-Skandal hat gezeigt, wie Nutzerdaten in sozialen Netzwerken missbraucht werden können, um politische Meinungen zu beeinflussen.

Filterblasen und Echokammern:

Verstärkung von Polarisierung: KI-basierte Personalisierung kann dazu führen, dass sich Nutzer in Filterblasen und Echokammern bewegen, in denen sie nur noch Informationen und Meinungen sehen, die ihre eigenen bestätigen. Dies kann die Polarisierung der Gesellschaft verstärken und den gesellschaftlichen Zusammenhalt schwächen.

Reduzierung des Diskurses: Wenn Menschen nur noch mit Gleichgesinnten interagieren, geht der konstruktive Austausch mit Andersdenkenden verloren. Dies kann zu einer Verengung des Horizonts und einer Abnahme der Toleranz führen.

Beispiel: Nutzer mit unterschiedlichen politischen Ansichten erhalten in sozialen Medien unterschiedliche

Nachrichten angezeigt und tauschen sich kaum noch miteinander aus.

Desinformation und Manipulation:

Verbreitung von Fake News: KI-gestützte Bots und Fake-Profile können eingesetzt werden, um Desinformation und Fake News in Online-Communities zu verbreiten und die öffentliche Meinung zu manipulieren.

Beeinflussung von Wahlen: Es besteht die Gefahr, dass KI eingesetzt wird, um Wahlen zu beeinflussen oder politische Propaganda zu verbreiten.

Beispiel: KI-generierte Fake-Profile, die in sozialen Medien falsche Informationen verbreiten oder gezielt Stimmung gegen bestimmte Gruppen machen.

Digitale Inklusion:

Ungleicher Zugang zu Technologien: Nicht alle Menschen haben den gleichen Zugang zu digitalen Technologien und dem Internet. Dies kann zu einer digitalen Kluft führen und bestimmte Bevölkerungsgruppen von der Teilhabe an Online-Gemeinschaften ausschließen.

Fehlende digitale Kompetenzen: Auch wenn der Zugang zu Technologien vorhanden ist, verfügen nicht alle Menschen über die notwendigen digitalen Kompetenzen, um Online-Communities effektiv zu nutzen.

Beispiel: Ältere Menschen oder Menschen mit geringem Einkommen haben oft Schwierigkeiten, mit neuen Technologien umzugehen und sich in Online-Communities zu integrieren.

Verantwortung und Transparenz:

Verantwortung für algorithmische Entscheidungen: Es ist wichtig zu klären, wer die Verantwortung für Entscheidungen trägt, die von KI-Systemen in Online-Communities getroffen werden, z.B. bei der Moderation von Inhalten oder der Auswahl von passenden Kontakten.

Transparenz der Algorithmen: Die Funktionsweise von KI-Algorithmen sollte transparent sein, damit Nutzer verstehen können, wie Entscheidungen getroffen werden und wie ihre Daten verwendet werden.

Beispiel: Die Frage, wer verantwortlich ist, wenn ein KI-System fälschlicherweise einen Beitrag in einer Online-Community löscht oder einen Nutzer sperrt.

KI bietet spannende Möglichkeiten zur Bildung und Stärkung von Gemeinschaften im digitalen Raum. Sie kann Menschen mit gemeinsamen Interessen verbinden, die Kommunikation erleichtern und neue Formen der sozialen Interaktion ermöglichen. Es ist jedoch wichtig, die damit verbundenen Herausforderungen und ethischen Überlegungen zu berücksichtigen und einen verantwortungsbewussten Umgang mit der Technologie zu pflegen. Datenschutz, Privatsphäre, Transparenz, digitale Inklusion und die Vermeidung von Filterblasen und Desinformation sind entscheidende Aspekte, die bei der Gestaltung von KI-gestützten Online-Gemeinschaften berücksichtigt werden müssen. Nur so können wir sicherstellen, dass KI dazu beiträgt, eine positive und inklusive digitale Zukunft zu gestalten. Im nächsten Teil des Buches werden wir uns den übergreifenden ethischen Herausforderungen und Überlegungen im Zeitalter der KI widmen.

Kapitel 7: Datenschutz und Privatsphäre – Ein Balanceakt

Im Zeitalter der KI, in dem immer größere Datenmengen gesammelt, verarbeitet und analysiert werden, spielen Datenschutz und Privatsphäre eine entscheidende Rolle. KI-Systeme benötigen Daten, um zu lernen und effektiv zu funktionieren, doch die Sammlung und Nutzung dieser Daten birgt auch Risiken für die Privatsphäre des Einzelnen. Dieses Kapitel beleuchtet die Herausforderungen und ethischen Dilemmata im Spannungsfeld von Datenschutz, Privatsphäre und KI. Wir werden uns mit den verschiedenen Arten von Daten, den potenziellen Risiken und den notwendigen Maßnahmen für einen verantwortungsvollen Umgang mit persönlichen Daten auseinandersetzen.

Die verschiedenen Arten von Daten im KI-Zeitalter

Persönliche Daten: Wir definieren den Begriff „persönliche Daten" und erklären, dass es sich um alle Informationen handelt, die sich auf eine identifizierte oder identifizierbare natürliche Person beziehen. Dazu gehören z.B. Name, Adresse, Geburtsdatum, E-Mail-Adresse, Telefonnummer, aber auch biometrische Daten, Standortdaten, Online-Aktivitäten und vieles mehr.

Sensible Daten: Wir erläutern den Begriff „sensible Daten" und erklären, dass es sich um besonders schutzbedürftige Daten handelt, wie z.B. Gesundheitsdaten, genetische Daten, religiöse oder weltanschauliche Überzeugungen, sexuelle Orientierung oder politische Meinungen. Für die Verarbeitung dieser Daten gelten besonders strenge Regeln.

Anonymisierte und pseudonymisierte Daten: Wir erklären den Unterschied zwischen anonymisierten und pseudonymisierten Daten. Anonymisierte Daten können keiner bestimmten Person mehr zugeordnet werden, während pseudonymisierte Daten zwar noch einer Person zugeordnet werden können, aber nur mit zusätzlichen Informationen, die getrennt aufbewahrt werden.

Metadaten: Wir erklären den Begriff „Metadaten" und erklären, dass es sich um Daten handelt, die Informationen über andere Daten liefern. Z.B. sind Metadaten bei Fotos Informationen wie Aufnahmedatum, Ort oder Kameramodell. Auch Metadaten können

Rückschlüsse auf die Identität oder das Verhalten von Personen zulassen.

Die Risiken für Datenschutz und Privatsphäre durch KI

Profiling und Personalisierung: KI-Systeme können Profile von Nutzern erstellen, indem sie Daten aus verschiedenen Quellen zusammenführen und analysieren. Diese Profile können für personalisierte Werbung, individualisierte Dienstleistungen oder auch für diskriminierende Zwecke verwendet werden.

Überwachung und Tracking: KI-basierte Überwachungssysteme können das Verhalten von Personen in der Öffentlichkeit oder im Internet verfolgen und analysieren. Dies birgt Risiken für die Privatsphäre und die informationelle Selbstbestimmung.

Datenmissbrauch und Datenlecks: Gesammelte Daten können missbraucht werden, z.B. durch Hackerangriffe oder den Verkauf an Dritte. Dies kann zu Identitätsdiebstahl, finanziellen Schäden oder anderen negativen Folgen führen.

Algorithmische Voreingenommenheit und Diskriminierung: Wie bereits in Kapitel 3 erläutert, können KI-Systeme aufgrund von algorithmischer Voreingenommenheit zu diskriminierenden Ergebnissen führen, z.B. bei der Kreditvergabe, der Personalauswahl oder der Strafverfolgung.

Verlust der informationellen Selbstbestimmung:
Durch die Verarbeitung großer Datenmengen durch KI-Systeme kann der Einzelne die Kontrolle über seine persönlichen Daten verlieren.

Beispiele:

Gezielte Werbung basierend auf detaillierten Nutzerprofilen.

Gesichtserkennungssysteme in der Öffentlichkeit.

Hackerangriffe auf Datenbanken mit persönlichen Daten.

Diskriminierende Algorithmen bei der Kreditvergabe.

KI-basierte Angriffe und Manipulation: Neben den bereits genannten Risiken müssen wir auch die Gefahr von KI-basierten Angriffen und Manipulationen berücksichtigen.

Adversarial Attacks: KI-Systeme können durch gezielte Manipulation der Eingangsdaten (sogenannte „Adversarial Attacks") getäuscht oder fehlgeleitet werden. Dadurch können z.B. Bilderkennungssysteme falsche Objekte erkennen oder Spamfilter umgangen werden.

Deepfakes: KI kann verwendet werden, um realistische gefälschte Videos oder Audiodateien zu erstellen (sogenannte „Deepfakes"), die zur Verbreitung von Desinformation oder zur Manipulation von Personen verwendet werden können.

KI-gestützte Social Engineering: KI kann eingesetzt werden, um Social-Engineering-Angriffe zu automatisieren und zu personalisieren, indem sie z.B. überzeugende Phishing-E-Mails verfasst oder personalisierte Betrugsanrufe durchführt.

Beispiel: Ein Deepfake-Video, das eine öffentliche Person in einer kompromittierenden Situation zeigt und zur Verbreitung von Falschinformationen verwendet wird.

Maßnahmen für einen verantwortungsvollen Umgang mit Daten

Schutz von KI-Systemen selbst: Neben dem Schutz der Daten der Nutzer ist es auch wichtig, die KI-Systeme selbst vor Manipulation und Missbrauch zu schützen.

Adversarial Training: KI-Systeme können durch „Adversarial Training" widerstandsfähiger gegen Angriffe gemacht werden, indem sie mit manipulierten Daten trainiert werden, um solche Angriffe zu erkennen und abzuwehren.

Robustheitsprüfungen: Es sollten regelmäßige Robustheitsprüfungen durchgeführt werden, um die Anfälligkeit von KI-Systemen für Angriffe zu testen und Schwachstellen zu identifizieren.

Monitoring und Anomalieerkennung: KI-Systeme können selbst eingesetzt werden, um verdächtige Aktivitäten und Anomalien zu erkennen, die auf einen Angriff hindeuten könnten.

Zugriffskontrollen und Verschlüsselung: Es sollten strenge Zugriffskontrollen und Verschlüsselungsmethoden eingesetzt werden, um den unbefugten Zugriff auf KI-Systeme und die darin enthaltenen Daten zu verhindern.

Beispiel: Einsatz von KI zur Erkennung von Phishing-E-Mails oder zur Identifizierung von verdächtigen Aktivitäten in Netzwerken.

Ethische Richtlinien und -kodizes für KI Es ist wichtig, dass ethische Richtlinien und -kodizes für KI nicht nur den Schutz der Privatsphäre, sondern auch die Sicherheit und Integrität von KI-Systemen selbst berücksichtigen. Es sollte klare Regelungen geben für den Umgang mit KI-basierten Angriffen und den Schutz vor Manipulation.

Internationale Zusammenarbeit: Die Bekämpfung von KI-basiertem Missbrauch erfordert eine internationale Zusammenarbeit, da Cyberkriminalität und Desinformation oft grenzüberschreitend sind.

Der Schutz von Datenschutz und Privatsphäre ist im Zeitalter der KI eine zentrale Herausforderung. Es gilt, einen Balanceakt zu finden zwischen den Möglichkeiten der Datennutzung für KI-Anwendungen und dem Schutz der informationellen Selbstbestimmung des Einzelnen.

Darüber hinaus müssen wir uns aktiv mit den Risiken von KI-basierten Angriffen und Manipulationen auseinandersetzen und die notwendigen Schutzmaßnahmen ergreifen. Strenge Datenschutzrichtlinien, Transparenz, Erklärbarkeit von KI-Systemen, ein verantwortungsbewusster Umgang mit Daten und der Schutz der KI-Systeme selbst sind unerlässlich, um die Risiken zu minimieren und das Vertrauen in KI zu stärken. Die internationale Zusammenarbeit spielt eine entscheidende Rolle bei der Bekämpfung von KI-Missbrauch. Im nächsten Kapitel werden wir uns mit der Frage der Verantwortung und Autonomie im Zusammenhang mit KI auseinandersetzen und die Notwendigkeit klarer Verantwortlichkeiten und ethischer Rahmenbedingungen diskutieren.

Kapitel 8: Verantwortung und Autonomie im Zeitalter der KI

Mit der zunehmenden Verbreitung von KI-Systemen, die immer komplexere Aufgaben übernehmen und Entscheidungen treffen, stellt sich die drängende Frage nach Verantwortung und Autonomie. Wer ist verantwortlich, wenn ein autonomes Fahrzeug einen Unfall verursacht? Wer haftet für Schäden, die durch eine fehlerhafte KI-Diagnose entstehen? Und inwieweit sollten KI-Systeme überhaupt autonom handeln dürfen? Dieses Kapitel beleuchtet die ethischen und rechtlichen Herausforderungen im Zusammenhang mit Verantwortung, Haftung und Autonomie im Zeitalter der KI.

Die Frage der Verantwortung

Verantwortung der Entwickler: Wir diskutieren die Verantwortung der Entwickler von KI-Systemen. Sie tragen die Verantwortung für die Entwicklung sicherer, fairer und transparenter Algorithmen. Sie müssen sicherstellen, dass ihre Systeme keine diskriminierenden Ergebnisse liefern und dass die Privatsphäre der Nutzer geschützt wird.

Verantwortung der Anwender: Wir beleuchten die Verantwortung der Anwender von KI-Systemen. Sie müssen die Systeme verantwortungsbewusst einsetzen und die Grenzen ihrer Leistungsfähigkeit kennen. Sie dürfen sich nicht blind auf die Entscheidungen von KI verlassen, sondern müssen diese kritisch hinterfragen.

Verantwortung der Unternehmen und Institutionen: Wir diskutieren die Verantwortung von Unternehmen und Institutionen, die KI-Systeme einsetzen. Sie müssen sicherstellen, dass die Systeme ethisch vertretbar eingesetzt werden und dass die Rechte der betroffenen Personen gewahrt werden. Sie müssen auch für die Folgen der Nutzung von KI-Systemen geradestehen.

Die Herausforderung der „diffusen Verantwortung": Wir thematisieren das Problem der „diffusen Verantwortung" bei komplexen KI-Systemen. Es kann schwierig sein, im Einzelfall genau festzustellen, wer für einen Fehler oder Schaden verantwortlich ist, da mehrere Akteure (Entwickler, Anwender, Unternehmen) beteiligt sein können.

Beispiele:

Ein autonomes Fahrzeug verursacht einen Unfall aufgrund eines Fehlers in der Software. Wer ist verantwortlich? Der Softwareentwickler, der Fahrzeughersteller oder der „Fahrer"?

Ein KI-System zur Personalauswahl diskriminiert bestimmte Bewerbergruppen. Wer ist verantwortlich? Der Entwickler des Algorithmus oder das Unternehmen, das das System einsetzt?

Die Frage der Autonomie

Definition von Autonomie im Kontext der KI: Im Kontext der KI bezieht sich Autonomie auf die Fähigkeit eines Systems, Entscheidungen zu treffen und Handlungen auszuführen, ohne direkte menschliche Intervention. Diese Definition ist jedoch nicht immer eindeutig und kann je nach Kontext unterschiedlich interpretiert werden. Es ist wichtig zu unterscheiden zwischen:

Automatisierung: Hier werden vordefinierte Regeln und Algorithmen ausgeführt. Es gibt keine echte Autonomie, sondern lediglich eine automatisierte Ausführung von Aufgaben.

Teilautonomie: Das System kann innerhalb bestimmter Grenzen selbstständig Entscheidungen treffen, aber es gibt immer noch menschliche Überwachung oder Eingriffsmöglichkeiten.

Vollständige Autonomie (hypothetisch): Das System kann unabhängig von menschlicher Kontrolle agieren und Entscheidungen in unvorhergesehenen Situationen treffen. Diese Form der Autonomie existiert derzeit noch nicht und wirft die größten ethischen Fragen auf.

Verschiedene Stufen der Autonomie und ihre Implikationen:

Automatisierte Systeme (z.B. ein Thermostat): Diese Systeme folgen einfachen Regeln und benötigen keine menschliche Interaktion, sobald sie eingestellt sind. Die Verantwortung liegt klar beim Entwickler und dem Anwender.

Teilautonome Systeme (z.B. ein Autopilot im Flugzeug): Diese Systeme können bestimmte Aufgaben selbstständig ausführen, aber der Mensch behält die Kontrolle und kann jederzeit eingreifen. Die Verantwortung ist hier geteilt zwischen dem System und dem menschlichen Bediener.

Autonome Fahrzeuge: Diese Fahrzeuge können in bestimmten Situationen ohne menschliches Zutun fahren, aber der Mensch kann jederzeit die Kontrolle übernehmen. Die Frage der Verantwortung im Falle eines Unfalls ist komplex und noch nicht abschließend geklärt.

Autonome Waffensysteme (AWS): Diese Systeme könnten in der Lage sein, ohne menschliche Intervention Ziele auszuwählen und anzugreifen. Dies wirft schwerwiegende ethische Bedenken auf, da es um Leben und Tod geht.

Ethische Bedenken bei hoher Autonomie: Je höher der Grad der Autonomie eines KI-Systems, desto größer sind die ethischen Bedenken.

Verlust der menschlichen Kontrolle: Bei vollständig autonomen Systemen besteht die Gefahr, dass der Mensch die Kontrolle verliert und die Konsequenzen der Entscheidungen der KI nicht mehr beeinflussen kann.

Unvorhersehbarkeit von Entscheidungen: Komplexe KI-Systeme können Entscheidungen treffen, die für den Menschen nicht nachvollziehbar sind. Dies kann zu Vertrauensverlust und Unsicherheit führen.

Verantwortungsdiffusion: Bei hoher Autonomie wird es immer schwieriger, im Falle eines Fehlers oder Schadens die Verantwortung zuzuordnen.

Die Frage der moralischen Entscheidungen: Können Maschinen überhaupt moralische Entscheidungen treffen? Wie können wir sicherstellen, dass ihre Entscheidungen mit unseren ethischen Werten übereinstimmen?

Die Bedeutung menschlicher Kontrolle und Aufsicht: Um die Risiken zu minimieren, ist es entscheidend, dass der Mensch die Kontrolle und Aufsicht über KI-Systeme behält, insbesondere in sicherheitskritischen Bereichen.

Klare Verantwortlichkeiten: Es müssen klare Verantwortlichkeiten für die Entwicklung, den Einsatz und die Überwachung von KI-Systemen festgelegt werden.

Eingriffsmöglichkeiten: Der Mensch muss jederzeit in der Lage sein, in die Entscheidungen der KI einzugreifen oder das System abzuschalten.

Transparenz und Nachvollziehbarkeit: Die Entscheidungen der KI sollten transparent und nachvollziehbar sein, damit der Mensch sie überprüfen und verstehen kann.

Beispiele:

Autonome Waffensysteme (AWS): Die Debatte um AWS ist ein Paradebeispiel für die ethischen Herausforderungen der Autonomie in der KI. Kritiker warnen vor den Risiken, wenn Maschinen über Leben und Tod entscheiden.

KI-Systeme im Gesundheitswesen: Bei der Verwendung von KI zur Diagnose oder Behandlung von Krankheiten ist es wichtig, dass der Arzt die letzte Entscheidung trifft und die Verantwortung für die Behandlung übernimmt.

Regulierungsansätze und ethische Rahmenbedingungen

Notwendigkeit klarer rechtlicher Rahmenbedingungen: Wir betonen die Notwendigkeit klarer rechtlicher Rahmenbedingungen für den Einsatz von KI, die die Verantwortlichkeiten und Haftungsfragen regeln.

Ethische Leitlinien und Kodizes: Wir verweisen auf bestehende ethische Leitlinien und Kodizes für KI, die als Orientierung für Entwickler, Anwender und Unternehmen dienen können.

Die Rolle der Politik und der Zivilgesellschaft: Wir betonen die Rolle der Politik und der Zivilgesellschaft bei der Gestaltung ethischer Rahmenbedingungen für KI. Es ist wichtig, einen breiten gesellschaftlichen Diskurs über die ethischen Implikationen von KI zu führen.

Internationale Zusammenarbeit: Wir betonen die Notwendigkeit internationaler Zusammenarbeit bei der Entwicklung gemeinsamer ethischer Standards und rechtlicher Rahmenbedingungen für KI.

Die Fragen nach Verantwortung und Autonomie im Zeitalter der KI sind komplex und vielschichtig. Es ist wichtig, klare Verantwortlichkeiten festzulegen, ethische Rahmenbedingungen zu schaffen und einen breiten gesellschaftlichen Diskurs über die ethischen Implikationen von KI zu führen. Nur so können wir sicherstellen, dass KI verantwortungsbewusst eingesetzt wird und dem Wohle der Menschheit dient. Im nächsten Kapitel werden wir uns mit der Gestaltung der Zukunft der Mensch-KI-Beziehung auseinandersetzen.

Kapitel 9: Die Zukunft gestalten – Mensch und KI im Dialog

Nachdem wir die verschiedenen Aspekte der KI, ihre Auswirkungen auf die menschliche Verbindung und die damit verbundenen ethischen Herausforderungen betrachtet haben, wenden wir uns nun der Zukunft zu. Wie wird die Beziehung zwischen Mensch und KI in den kommenden Jahren und Jahrzehnten aussehen? Wie können wir diese Beziehung so gestalten, dass sie zum Wohle der Menschheit beiträgt und nicht zu ihrem Schaden? Dieses Kapitel wirft einen Blick in die Zukunft und plädiert nachdrücklich für einen aktiven, gestaltenden und vor allem wertorientierten Dialog zwischen Mensch und KI. Es geht nicht nur darum, was technisch möglich ist, sondern vor allem darum, was wir als Gesellschaft wollen.

Szenarien der Mensch-KI-Zukunft

Koexistenz und Zusammenarbeit (Synergie): Dieses Szenario beschreibt eine Zukunft, in der Mensch und KI in einer Art Symbiose leben und arbeiten. KI übernimmt repetitive, datenintensive und optimierungsbedürftige Aufgaben, während sich der Mensch auf seine genuinen Stärken konzentriert: Kreativität, kritische Reflexion, soziale Interaktion, emotionale Intelligenz und ethische Entscheidungsfindung. Es entsteht eine Synergie, in der die Stärken beider Akteure optimal genutzt werden.

Integration und Augmentation (Erweiterung der menschlichen Fähigkeiten): In diesem Szenario wird KI immer tiefer in unser Leben integriert und „augmentiert" uns, d.h. sie erweitert unsere kognitiven und physischen Fähigkeiten. Wearables, implantierbare Technologien, Brain-Computer-Interfaces und personalisierte Lernplattformen sind Beispiele für diese Entwicklung. KI wird so zu einem integralen Bestandteil unseres Alltags und ermöglicht uns Leistungen, die bisher unvorstellbar waren.

Herausforderungen und Risiken (Dystopien und Kontrollverlust): Es ist wichtig, auch die potenziellen negativen Szenarien zu betrachten:

Abhängigkeit und Kontrollverlust: Eine zu starke Abhängigkeit von KI könnte zu einem Verlust menschlicher Fähigkeiten und zu einem Kontrollverlust über wichtige Lebensbereiche führen.

Soziale Ungleichheiten: Ungleicher Zugang zu KI-Technologien könnte bestehende soziale Ungleichheiten verstärken und zu einer Spaltung der Gesellschaft führen.

Überwachung und Manipulation: Der Missbrauch von KI für Überwachungszwecke oder zur Manipulation von Menschen stellt eine ernsthafte Bedrohung für die Freiheit und die Demokratie dar.

Autonomie und unvorhersehbare Konsequenzen: Die Entwicklung hochautonomer KI-Systeme birgt das Risiko unvorhersehbarer Konsequenzen und ethischer Dilemmata.

Die Bedeutung der menschlichen Werte als Kompass: Die Gestaltung der Mensch-KI-Zukunft darf nicht allein von technologischen Möglichkeiten getrieben sein. Unsere Werte, ethischen Prinzipien und gesellschaftlichen Normen müssen den Rahmen für die Entwicklung und den Einsatz von KI bilden. Humanismus, Menschenwürde, Gerechtigkeit, Freiheit, Selbstbestimmung und Nachhaltigkeit müssen im Zentrum stehen.

Die Rolle des Menschen in einer KI-geprägten Welt

Kreativität und Innovation als menschliches Kapital: In einer Welt, in der viele Routineaufgaben von KI übernommen werden, werden menschliche Kreativität und Innovationskraft noch wichtiger. Der Mensch wird sich verstärkt auf die Entwicklung neuer Ideen, die

Lösung komplexer Probleme, die Gestaltung von Kunst und Kultur und die Schaffung von Sinn und Bedeutung konzentrieren.

Soziale und emotionale Intelligenz als unersetzliche Stärke: Empathie, Kommunikation, Teamfähigkeit, kritisches Denken, moralische Urteilsfähigkeit und Führungsqualitäten werden in einer KI-geprägten Welt zu entscheidenden Wettbewerbsvorteilen des Menschen. Diese genuin menschlichen Fähigkeiten sind schwer durch Maschinen zu ersetzen.

Ethische Reflexion und Verantwortung als gesellschaftliche Pflicht: Der Mensch muss die ethischen Implikationen von KI-Technologien verstehen, kritisch reflektieren und aktiv an der Gestaltung ethischer Rahmenbedingungen mitwirken. Die Verantwortung für den Einsatz von KI darf nicht allein den Entwicklern oder Unternehmen überlassen werden, sondern ist eine gesamtgesellschaftliche Aufgabe.

Lebenslanges Lernen und Anpassungsfähigkeit als Schlüsselkompetenzen: Die rasante technologische Entwicklung erfordert ein lebenslanges Lernen und eine hohe Anpassungsfähigkeit. Der Mensch muss bereit sein, sich kontinuierlich weiterzubilden, neue Fähigkeiten zu erlernen und sich an die sich verändernden Anforderungen des Arbeitsmarktes und der Gesellschaft anzupassen.

Die Frage des programmierten Bewusstseins – Ein Ausblick: An dieser Stelle ist es wichtig, eine der faszinierendsten und zugleich spekulativsten Fragen im

Zusammenhang mit KI anzusprechen: die Möglichkeit des programmierten Bewusstseins. Könnte es in der Zukunft möglich sein, Bewusstsein durch Programmierung zu erzeugen? Diese Frage beschäftigt Philosophen, Wissenschaftler und KI-Forscher gleichermaßen.

Die Idee eines programmierten Bewusstseins würde bedeuten, dass wir durch die Erstellung eines ausreichend komplexen Computerprogramms oder Algorithmus ein System erschaffen könnten, das subjektive Erfahrungen, Gefühle, ein Selbstbewusstsein und ein Verständnis seiner eigenen Existenz besitzt.

Es ist wichtig zu betonen, dass es sich hierbei um ein hochspekulatives Thema handelt. Die aktuelle wissenschaftliche Meinung ist, dass heutige KI-Systeme kein Bewusstsein besitzen. Sie sind hochentwickelte Programme, die Muster erkennen und Aufgaben ausführen können, aber sie haben keine subjektiven Erfahrungen.

Es gibt jedoch philosophische und wissenschaftliche Argumente, die die Möglichkeit eines zukünftigen programmierten Bewusstseins zumindest nicht kategorisch ausschließen:

Funktionalismus und Computationalismus: Diese philosophischen Positionen besagen, dass Bewusstsein durch seine Funktion definiert ist und dass das Gehirn ein Computer ist. Wenn dies zutrifft, könnte Bewusstsein potenziell auch in einem Computerprogramm simuliert werden.

75

Emergenz: Bewusstsein könnte eine emergente Eigenschaft komplexer Systeme sein. Wenn KI-Systeme in Zukunft noch komplexer werden, könnte Bewusstsein möglicherweise „von selbst" entstehen.

Die Herausforderungen sind jedoch enorm: Es gibt keine allgemein akzeptierte Definition von Bewusstsein, die Kluft zwischen Syntax und Semantik ist schwer zu überbrücken, und das Qualia-Problem (die subjektive Qualität von Erfahrungen) bleibt bestehen.

Auch wenn die Möglichkeit eines programmierten Bewusstseins derzeit noch reine Spekulation ist, wirft sie wichtige ethische Fragen auf: Welche Rechte hätten bewusste Maschinen? Wie würden wir mit ihnen interagieren? Wie könnten wir sicherstellen, dass sie uns nicht überlegen werden?

Diese Fragen verdeutlichen, dass der Dialog über die Zukunft der Mensch-KI-Beziehung weit über technische Aspekte hinausgeht und tiefgreifende philosophische und ethische Dimensionen berührt.

Die Notwendigkeit eines Dialogs zwischen Menschen und KI (als Metapher für den gesellschaftlichen Diskurs)

Interdisziplinärer und inklusiver Dialog: Es bedarf eines breiten interdisziplinären Dialogs zwischen Wissenschaftlern, Technikern, Ethikern, Juristen,

Politikern, Unternehmen, Künstlern und der Zivilgesellschaft. Dieser Dialog muss inklusiv sein und alle relevanten Perspektiven berücksichtigen.

Öffentliche Debatte und transparente Aufklärung: Eine breite öffentliche Debatte über die Chancen und Risiken der KI ist unerlässlich. Die Öffentlichkeit muss durch transparente und verständliche Informationen aufgeklärt werden, um eine fundierte Meinungsbildung zu ermöglichen.

Partizipation und Mitgestaltung als demokratisches Gebot: Die Gestaltung der KI-Zukunft darf nicht allein von wenigen Experten oder Unternehmen bestimmt werden. Die Bürgerinnen und Bürger müssen aktiv in Entscheidungsprozesse eingebunden werden und die Möglichkeit haben, die Entwicklung von KI mitzugestalten.

Internationale Zusammenarbeit für globale Standards: Die Entwicklung ethischer Standards und rechtlicher Rahmenbedingungen für KI erfordert eine enge internationale Zusammenarbeit. Globale Herausforderungen erfordern globale Lösungen.

Dieser Dialog muss auch die spekulativen, aber dennoch wichtigen Fragen nach dem Wesen des Bewusstseins und der Möglichkeit eines zukünftigen programmierten Bewusstseins einschließen, um uns auf mögliche zukünftige Szenarien vorzubereiten.

Vision einer humanzentrierten KI (Der Mensch im Mittelpunkt)

Wir skizzieren eine Vision einer humanzentrierten KI, die dem Wohle der Menschheit dient, die Menschenrechte achtet und im Einklang mit unseren Werten und ethischen Prinzipien steht.

KI muss als Werkzeug verstanden werden, das vom Menschen gestaltet, kontrolliert und ethisch reflektiert eingesetzt wird. **Der Mensch darf nicht zum Diener der Maschinen werden.**

Die Zukunft der Mensch-KI-Beziehung liegt in unseren Händen. Durch einen aktiven, gestaltenden, inklusiven und wertorientierten Dialog, der auf unseren humanistischen Werten basiert, können wir sicherstellen, dass KI zu einer positiven Kraft für die Menschheit wird. Es gilt, die immensen Chancen der Technologie zu nutzen und gleichzeitig die potenziellen Risiken zu minimieren. Dieser Dialog muss auch die spekulativen, aber dennoch wichtigen Fragen nach dem Wesen des Bewusstseins und der Möglichkeit eines zukünftigen programmierten Bewusstseins einschließen. Nur so können wir eine Zukunft gestalten, in der Mensch und KI im Dialog miteinander stehen, voneinander lernen und gemeinsam **eine bessere Welt schaffen – eine Welt, in der die Technologie dem Menschen dient und nicht umgekehrt.**

Kapitel 10: Ein Appell für eine bewusste digitale Zukunft

In diesem Buch haben wir die vielfältigen Facetten der digitalen Revolution und die transformative Kraft der Künstlichen Intelligenz beleuchtet. Wir haben die Chancen und Risiken, die ethischen Herausforderungen und die Auswirkungen auf die menschliche Verbindung untersucht. Wir haben gesehen, wie KI-Barrieren überwinden, Empathie fördern und neue Formen der Gemeinschaft ermöglichen kann, aber auch welche Gefahren in Bezug auf Datenschutz, Verantwortung und Autonomie bestehen. Nun, am Ende unserer Reise, möchten wir die wichtigsten Erkenntnisse zusammenfassen und einen nachdrücklichen Appell für eine bewusste, verantwortungsvolle und humanzentrierte Gestaltung der digitalen Zukunft formulieren. Es geht darum, nicht nur die technologischen Entwicklungen zu verstehen, sondern auch aktiv mitzugestalten, welche Art von digitaler Welt wir erschaffen wollen.

Zusammenfassung der zentralen Erkenntnisse:

Die digitale Revolution verändert unsere Welt grundlegend: Die digitale Revolution hat in beispielloser Geschwindigkeit und Reichweite alle Bereiche unseres Lebens durchdrungen. Von der Kommunikation über die Information bis hin zu Handel, Unterhaltung und Bildung – nichts bleibt unberührt.

Menschliche Bedürfnisse im digitalen Zeitalter: Trotz der digitalen Transformation bleiben unsere grundlegenden menschlichen Bedürfnisse nach Verbindung, Empathie, sozialem Austausch und Zugehörigkeit bestehen. Die Art und Weise, wie wir diese Bedürfnisse befriedigen, verändert sich jedoch.

KI – Möglichkeiten und Grenzen: KI ist ein mächtiges Werkzeug mit immensen Möglichkeiten, aber auch mit klaren Grenzen. Es ist wichtig, gängige Mythen zu entkräften und die Technologie realistisch einzuschätzen.

KI als Brückenbauer: KI kann dazu beitragen, sprachliche, kulturelle und soziale Barrieren zu überwinden und eine inklusivere und vernetztere Welt zu schaffen.

Empathie und KI – Eine überraschende Verbindung: Die Forschung im Bereich der emotionalen KI zeigt, dass KI uns helfen kann, unsere eigene Empathiefähigkeit zu verbessern und die Emotionen anderer besser zu verstehen.

Neue Formen der Gemeinschaft und digitale Verbundenheit: KI ermöglicht die Entstehung neuer Formen der Gemeinschaft und des sozialen Austauschs im digitalen Raum, birgt aber auch Risiken wie Filterblasen und Desinformation.

Datenschutz, Privatsphäre, Verantwortung und Autonomie: Datenschutz, Privatsphäre, Verantwortung und Autonomie sind zentrale ethische Herausforderungen im Zeitalter der KI, die sorgfältige Beachtung und klare Regelungen erfordern.

Digitale Mündigkeit und Medienkompetenz als Schlüsselqualifikationen: Digitale Mündigkeit und Medienkompetenz sind unerlässlich, um sich in der digitalen Welt zurechtzufinden, Chancen zu nutzen und Risiken zu minimieren. Dazu gehört die Fähigkeit, Informationen kritisch zu bewerten, sich sicher im Netz zu bewegen, seine Privatsphäre zu schützen und die ethischen Implikationen digitaler Technologien zu verstehen.

Ethische Rahmenbedingungen und transparente Regulierung als gesellschaftliche Aufgabe: Es bedarf klarer ethischer Rahmenbedingungen und transparenter rechtlicher Regularien für die Entwicklung und den Einsatz von KI. Diese Rahmenbedingungen müssen auf humanistischen Werten basieren, die Menschenrechte, die Privatsphäre, die informationelle Selbstbestimmung und die Würde des Menschen achten. Die Entwicklung dieser Rahmenbedingungen ist eine gesamtgesellschaftliche Aufgabe, an der sich Politik,

Wirtschaft, Wissenschaft und Zivilgesellschaft beteiligen müssen.

Transparenz und Erklärbarkeit von KI als Vertrauensbasis: Um Vertrauen in KI-Systeme aufzubauen, ist es entscheidend, dass ihre Funktionsweise transparent und nachvollziehbar ist. Nutzer müssen verstehen können, wie Entscheidungen getroffen werden und wie ihre Daten verarbeitet werden. Das Konzept der „Explainable AI" (XAI) spielt hier eine zentrale Rolle.

Zusammenfassung

Förderung der digitalen Inklusion als soziale Verantwortung: Der gleichberechtigte Zugang zu digitalen Technologien und Bildung ist eine soziale Verantwortung. Niemand darf aufgrund mangelnder Ressourcen, fehlender Infrastruktur oder unzureichender digitaler Kompetenzen von den Chancen der digitalen Welt ausgeschlossen werden. Es bedarf gezielter Maßnahmen zur Förderung der digitalen Inklusion, um eine digitale Spaltung der Gesellschaft zu verhindern.

Humanzentrierte KI als Leitbild: Die Entwicklung und der Einsatz von KI müssen sich am Wohl des Menschen orientieren. KI sollte uns dienen und nicht umgekehrt. Menschliche Werte wie Würde, Freiheit, Gerechtigkeit, Empathie und Solidarität müssen im Zentrum der digitalen Transformation stehen.

Der Mensch im Mittelpunkt der digitalen Transformation als Gestalter: Der Mensch ist nicht nur Nutzer, sondern auch Gestalter der digitalen Welt. Wir haben die Möglichkeit und die Verantwortung, die digitale Transformation aktiv mitzugestalten und eine Zukunft zu schaffen, die unseren Wünschen und Bedürfnissen entspricht.

Die Bedeutung des Dialogs als Grundlage für Fortschritt: Ein offener, konstruktiver und interdisziplinärer Dialog zwischen allen relevanten Akteuren ist unerlässlich, um die Chancen und Risiken der digitalen Transformation und der KI umfassend zu diskutieren und gemeinsame Lösungen zu entwickeln. Dieser Dialog muss global, inklusiv und ergebnisoffen sein.

Die aktive Gestaltung der Zukunft als gemeinsame Aufgabe: Die digitale Zukunft ist nicht vorbestimmt. Sie ist das Ergebnis unserer Entscheidungen und Handlungen. Es liegt an uns allen – Politik, Wirtschaft, Wissenschaft, Zivilgesellschaft und jedem Einzelnen –, Verantwortung zu übernehmen und die digitale Zukunft aktiv mitzugestalten.

Band 2: Die Zukunft der menschlichen Verbindung gestalten

Vorwort

Im ersten Band dieses Buches haben wir uns intensiv mit der Bedeutung der menschlichen Verbindung im digitalen Zeitalter auseinandergesetzt. Wir haben die transformative Kraft der Technologie und ihre Auswirkungen auf unsere Beziehungen, unsere Kommunikation und unser soziales Leben erkundet. Dabei haben wir erkannt, dass die Zukunft der menschlichen Verbindung nicht etwas ist, das einfach über uns hereinbricht, sondern dass wir aktiv daran mitwirken können, sie zu gestalten.

Nun ist es an der Zeit, den Blick nach vorne zu richten und uns die Frage zu stellen: Wie sieht die Zukunft der menschlichen Verbindung konkret aus? Welche Szenarien sind denkbar, und welche Chancen und Herausforderungen sind damit verbunden? Wie können wir sicherstellen, dass die Technologie uns nicht von unserer Menschlichkeit entfremdet, sondern uns dabei hilft, tiefere und bedeutungsvollere Beziehungen aufzubauen?

In diesem zweiten Teil werden wir uns gemeinsam auf eine spannende Reise in die Zukunft begeben. Wir werden verschiedene Szenarien der menschlichen Verbindung erkunden, von der Familie über Freundschaft und Romantik bis hin zur Zusammenarbeit in der Arbeitswelt. Wir werden uns damit auseinandersetzen, wie neue Technologien wie AR/VR, soziale Medien und KI unsere Beziehungen verändern und welche ethischen Überlegungen dabei eine Rolle spielen.

Doch damit nicht genug. Wir werden uns auch damit beschäftigen, welche Fähigkeiten in Zukunft entscheidend sein werden, um starke und sinnvolle menschliche Beziehungen aufzubauen und zu erhalten. Wir werden uns fragen, wie wir emotionale Intelligenz, Empathie und interkulturelle Kompetenz in einer zunehmend digitalisierten Welt kultivieren können. Und wir werden uns damit auseinandersetzen, wie die zwischenmenschliche Kommunikation in Zukunft aussehen könnte und welche neuen Formen der Kommunikation entstehen werden.

Dieser zweite Teil ist nicht nur eine Bestandsaufnahme der Zukunft, sondern vor allem ein Aufruf zur aktiven Gestaltung derselben. Wir wollen Ihnen nicht nur zeigen, was möglich ist, sondern Ihnen auch die Werkzeuge und das Wissen an die Hand geben, um selbst zum Gestalter der Zukunft der menschlichen Verbindung zu werden.

Sind Sie bereit, mit uns auf diese spannende Reise zu gehen? Dann lassen Sie uns gemeinsam die Zukunft der menschlichen Verbindung gestalten!

Kapitel 1:

Szenario 1: Die vernetzte Familie - Einblicke in den Alltag des Jahres 2040

Es ist das Jahr 2040. Familie Müller, bestehend aus den Eltern Anna und Tom, ihren beiden Kindern Lisa (12) und Paul (8) sowie Annas Mutter, Oma Helga (75), lebt in einem intelligenten Haus, das mit modernster Technologie ausgestattet ist.

Der Morgen:

Der Tag beginnt mit einem sanften Weckruf durch den intelligenten Lautsprecher, der gleichzeitig die neuesten Nachrichten und den Wetterbericht vorliest. Während Anna und Tom sich für die Arbeit fertig machen, hilft ein Robot namens "Robo-Butler" beim Frühstück zubereiten und die Kinder für die Schule vorzubereiten. Oma Helga, die aufgrund einer leichten Gehbehinderung nicht mehr so mobil ist, nutzt eine Virtual-Reality-Brille, um mit ihrer Freundin in Australien einen virtuellen Spaziergang durch den Regenwald zu unternehmen.

Der Tag:

Während die Kinder in der Schule von KI-gestützten Lernprogrammen individuell gefördert werden, arbeiten Anna und Tom im Homeoffice. Ihre Arbeit wird durch intelligente Assistenzsysteme erleichtert, die ihnen bei der Planung, Organisation und Kommunikation helfen. In ihrer Mittagspause nutzen sie eine soziale Medienplattform, die speziell auf Familien zugeschnitten ist, um sich mit anderen Familien auszutauschen und virtuelle Aktivitäten zu planen.

Der Nachmittag:

Nach der Schule treffen sich die Familienmitglieder zu gemeinsamen Aktivitäten. Lisa und Paul spielen mit ihren Freunden ein Augmented-Reality-Spiel, das die reale Umgebung mit digitalen Elementen kombiniert. Anna und Tom nutzen eine Familien App, um den Tagesablauf zu organisieren, Einkäufe zu erledigen und gemeinsame Mahlzeiten zu planen. Oma Helga nimmt an einem Online-Kurs für Senioren teil, der ihr Wissen und ihre Fähigkeiten in verschiedenen Bereichen vermittelt.

Der Abend:

Am Abend versammelt sich die Familie zum Abendessen. Während des Essens unterhalten sie sich über die Erlebnisse des Tages und teilen ihre Gedanken und Gefühle miteinander. Nach dem Essen schaut die Familie gemeinsam einen Film, der über einen Streaming-Dienst abgerufen wird. Bevor die Kinder ins Bett gehen, lesen ihnen die Eltern eine Gute-Nacht-Geschichte vor, die von einer KI-gestützten App personalisiert wurde.

Herausforderungen und Chancen

Die vernetzte Familie bietet viele Vorteile. Sie ermöglicht eine flexible Kommunikation, eine individuelle Förderung der Familienmitglieder und eine bessere Vereinbarkeit von Familie und Beruf. Gleichzeitig birgt sie aber auch Herausforderungen. Die ständige Verfügbarkeit digitaler Medien kann zu einer Überflutung an Informationen und Ablenkungen führen. Die Privatsphäre der Familienmitglieder ist durch die Nutzung digitaler Technologien gefährdet. Und die emotionale Nähe und der persönliche Kontakt können durch die virtuelle Kommunikation leiden.

Es ist wichtig, dass Familien einen bewussten Umgang mit digitalen Technologien pflegen und klare Regeln für deren Nutzung festlegen. Sie sollten sich Zeit für gemeinsame Aktivitäten ohne digitale Ablenkungen nehmen und Wert auf eine offene und ehrliche Kommunikation legen.

Die vernetzte Familie ist ein Beispiel dafür, wie die Zukunft der menschlichen Verbindung aussehen könnte. Es liegt an uns, die Technologie so zu gestalten und zu nutzen, dass sie uns dabei hilft, starke und liebevolle Beziehungen aufzubauen und zu erhalten.

Szenario 2: Freundschaft im digitalen Zeitalter - Zwischen virtueller Nähe und persönlicher Distanz

Es ist das Jahr 2040. Sarah (25) und Max (28) haben sich vor ein paar Jahren in einer Online-Community für Videospiele kennengelernt. Obwohl sie noch nie persönlich getroffen haben, verbindet sie eine tiefe Freundschaft, die auf gemeinsamen Interessen, Humor und gegenseitigem Vertrauen basiert.

Die Entstehung von Freundschaften:

Sarah und Max sind ein typisches Beispiel für Freundschaften, die im digitalen Zeitalter entstehen. Online-Plattformen und soziale Medien spielen eine entscheidende Rolle bei der Zusammenführung von Menschen mit ähnlichen Interessen und Werten, unabhängig von ihrer geografischen Lage. Algorithmen und Empfehlungssysteme helfen dabei, potenzielle Freunde zu finden, die auf den individuellen Vorlieben und dem bisherigen Interaktionsverhalten basieren.

Die Entwicklung und Pflege von Freundschaften:

Die Kommunikation zwischen Sarah und Max findet hauptsächlich online statt. Sie nutzen Messenger-Dienste für kurze Nachrichten, Videoanrufe für längere Gespräche und virtuelle Treffen in Online-Spielen oder virtuellen Welten, um gemeinsam Zeit zu verbringen.

Obwohl sie sich noch nie persönlich getroffen haben, fühlen sie sich einander sehr nahe und teilen ihre Gedanken, Gefühle und Erfahrungen miteinander.

Soziale Medien und virtuelle Gemeinschaften:

Soziale Medien und virtuelle Gemeinschaften spielen eine wichtige Rolle bei der Pflege ihrer Freundschaft. Sie sind Teil einer Online-Community, in der sie sich regelmäßig mit anderen Gamern austauschen, gemeinsame Projekte planen und virtuelle Partys feiern. Durch diese Interaktionen fühlen sie sich verbunden und Teil einer größeren Gemeinschaft.

Herausforderungen und Chancen

Die digitale Kommunikation bietet viele Vorteile für Freundschaften. Sie ermöglicht es, über große Entfernungen hinweg in Kontakt zu bleiben, und bietet eine Vielzahl von Möglichkeiten für Interaktion und Austausch. Gleichzeitig birgt sie aber auch Herausforderungen. Die emotionale Nähe und die Empathie können durch die virtuelle Kommunikation leiden, und die Gefahr von Missverständnissen und Konflikten ist größer als bei persönlichen Begegnungen.

Die Zukunft der Freundschaft:

Sarah und Max glauben, dass Freundschaften in Zukunft noch wichtiger werden, da sie in einer zunehmend digitalisierten Welt einen Anker der menschlichen Verbindung bieten. Sie sind überzeugt, dass sich die

Formen und die Bedeutung von Freundschaften weiter verändern und an die neuen technologischen Möglichkeiten anpassen werden.

Ein persönliches Treffen:

Eines Tages beschließen Sarah und Max, sich persönlich zu treffen. Sie planen ein gemeinsames Wochenende in einer Stadt, die für beide gut erreichbar ist. Das Treffen verläuft sehr positiv, und sie sind überrascht, wie natürlich und vertraut sich die Begegnung anfühlt, obwohl sie sich schon so lange online kennen. Sie stellen fest, dass ihre virtuelle Freundschaft durch das persönliche Treffen noch vertieft wird und dass die Online-Kommunikation und die persönlichen Begegnungen sich ideal ergänzen können.

Die Geschichte von Sarah und Max zeigt, wie Freundschaften im digitalen Zeitalter entstehen, sich entwickeln und gepflegt werden können. Sie verdeutlicht, dass digitale Technologien zwar die Art und Weise, wie wir miteinander interagieren, verändern, aber die grundlegenden Bedürfnisse nach Nähe, Vertrauen und Verbundenheit weiterhin eine zentrale Rolle spielen.

Szenario 3: Romantik und Partnerschaft in Zeiten von KI - Zwischen Algorithmen-liebe und emotionaler Entfremdung

Es ist das Jahr 2040. Dating-Apps, die auf ausgeklügelten Algorithmen basieren, sind längst nicht mehr nur ein Trend, sondern die Norm bei der Partnersuche. KI-gestützte Partnerempfehlungen analysieren nicht nur Interessen und Vorlieben, sondern auch Persönlichkeitsmerkmale, Verhaltensmuster und sogar subtile nonverbale Signale, um den "perfekten" Partner zu finden.

Die Suche nach der Liebe im digitalen Zeitalter

Für viele Menschen beginnt die Suche nach der Liebe mit einem Wisch auf dem Smartphone. Dating-Apps bieten eine schier unendliche Auswahl an potenziellen Partnern, die nach bestimmten Kriterien gefiltert werden können. Die KI-Algorithmen versprechen, den "idealen" Partner zu finden, der perfekt zu den eigenen Bedürfnissen und Wünschen passt.

Die Macht der Algorithmen

Die Algorithmen sind so ausgefeilt, dass sie nicht nur die Partnerempfehlungen steuern, sondern auch die Kommunikation zwischen den Nutzern beeinflussen. Sie schlagen Gesprächsthemen vor, analysieren die

Nachrichten auf ihre emotionale Wirkung und geben sogar Tipps für das erste Date.

Emotionale Intelligenz und Empathie in Zeiten von KI

Während die Technologie die Partnersuche und die Kommunikation erleichtert, wirft sie auch Fragen nach der emotionalen Intelligenz und der Empathie in Beziehungen auf. Können Algorithmen wirklich die komplexen emotionalen Bedürfnisse eines Menschen erfassen und befriedigen? Oder führen sie nicht eher zu oberflächlichen Beziehungen, die auf rationalen Kriterien basieren und die emotionale Tiefe vermissen lassen?

Die Rolle der KI in der Partnerschaft

Auch in bestehenden Partnerschaften spielt KI eine immer größere Rolle. Intelligente Assistenzsysteme helfen bei der Planung von gemeinsamen Aktivitäten, erinnern an Jahrestage und analysieren die Stimmung des Partners, um frühzeitig Konflikte zu erkennen und zu lösen.

Zwischen Nähe und Distanz

Die Technologie kann die Partner enger zusammenbringen, indem sie die Kommunikation erleichtert und gemeinsame Erlebnisse ermöglicht. Gleichzeitig kann sie aber auch zu einer emotionalen Entfremdung führen, wenn die Partner mehr Zeit mit ihren digitalen Geräten verbringen als miteinander.

Die Herausforderungen der digitalen Liebe

Die digitale Liebe bringt einige Herausforderungen mit sich. Dazu gehört die Angst vor Betrug und Manipulation durch Fake-Profile oder Deepfakes. Auch die ständige Vergleichbarkeit mit anderen Paaren in den sozialen Medien kann zu Unsicherheit und Unzufriedenheit in der eigenen Beziehung führen.

Die Zukunft der Romantik und Partnerschaft

Die Zukunft der Romantik und Partnerschaft wird maßgeblich von der Entwicklung der KI und der digitalen Technologien geprägt sein. Es ist wichtig, dass wir uns bewusst machen, wie diese Technologien unsere Beziehungen beeinflussen, und dass wir lernen, sie verantwortungsvoll einzusetzen.

Die Suche nach der wahren Liebe

Trotz aller technologischen Fortschritte bleibt die Suche nach der wahren Liebe ein zutiefst menschliches Bedürfnis. Die Sehnsucht nach Nähe, Geborgenheit und emotionaler Verbundenheit wird auch in Zukunft eine zentrale Rolle spielen.

Die Geschichte von Lisa und Max:

Lisa (30) hat ihren Partner Tom (32) über eine KI-gestützte Dating-App kennengelernt. Die App hat die beiden aufgrund ihrer gemeinsamen Interessen und Persönlichkeitsmerkmale als "perfektes Match" eingestuft. Ihre Beziehung verläuft zunächst sehr harmonisch, da die KI ihnen bei der Planung von gemeinsamen Aktivitäten hilft und sie vor potenziellen Konflikten warnt.

Nach einiger Zeit jedoch bemerken Lisa und Tom, dass ihre Beziehung auf einer sehr rationalen Ebene basiert und die emotionale Tiefe fehlt. Sie beschließen, sich von der KI-App zu lösen und ihre Beziehung auf eine natürlichere Weise zu gestalten. Sie lernen, miteinander zu kommunizieren, ohne auf die Empfehlungen der KI angewiesen zu sein, und entwickeln eine tiefere emotionale Verbindung.

Die Geschichte von Lisa und Tom zeigt, wie KI die Partnersuche und die Beziehung beeinflussen kann. Sie verdeutlicht, dass Technologie zwar eine nützliche Unterstützung sein kann, aber die emotionale Intelligenz und die Empathie nicht ersetzen kann.

Szenario 4: Zusammenarbeit und Networking in der Arbeitswelt der Zukunft - Zwischen virtuellen Teams und globalen Netzwerken

Es ist das Jahr 2040. Die Arbeitswelt hat sich durch den Einfluss von KI und Automatisierung grundlegend verändert. Viele repetitive Aufgaben werden von Robotern und intelligenten Systemen erledigt, während sich die Menschen auf kreative, strategische und zwischenmenschliche Tätigkeiten konzentrieren.

Virtuelle Teams und globale Zusammenarbeit

Die Zusammenarbeit findet zunehmend in virtuellen Teams statt, die über geografische Grenzen hinweg agieren. Menschen mit unterschiedlichen Fähigkeiten und Hintergründen arbeiten gemeinsam an Projekten, die durch digitale Plattformen und KI-gestützte Tools unterstützt werden. Die Kommunikation erfolgt über Videoanrufe, virtuelle Konferenzen und intelligente Chatbots, die bei der Koordination und Organisation helfen.

Die Rolle von KI in der Arbeitswelt

KI-Systeme übernehmen viele Aufgaben, die früher von Menschen erledigt wurden. Sie analysieren große

Datenmengen, treffen Entscheidungen und automatisieren Prozesse. Die Menschen konzentrieren sich auf Aufgaben, die menschliche Intelligenz, Kreativität und emotionale Intelligenz erfordern. Dazu gehören die Entwicklung neuer Produkte und Dienstleistungen, die Lösung komplexer Probleme und die Gestaltung zwischenmenschlicher Beziehungen.

Die Bedeutung von Networking

Networking spielt in der Arbeitswelt der Zukunft eine entscheidende Rolle. Menschen bauen berufliche Beziehungen über digitale Plattformen und virtuelle Gemeinschaften auf. Sie tauschen sich über ihre Erfahrungen und Kenntnisse aus, unterstützen sich gegenseitig und finden neue Möglichkeiten für Zusammenarbeit und Karriereentwicklung.

Die Herausforderungen der neuen Arbeitswelt

Die neue Arbeitswelt bringt einige Herausforderungen mit sich. Dazu gehört die Notwendigkeit, sich ständig weiterzubilden und neue Fähigkeiten zu erlernen, um mit den technologischen Veränderungen Schritt zu halten. Auch die Abgrenzung zwischen Arbeit und Privatleben wird schwieriger, da die digitale Kommunikation ständig verfügbar ist.

Die Chancen der neuen Arbeitswelt

Die neue Arbeitswelt bietet aber auch viele Chancen. Sie ermöglicht eine flexible Arbeitsgestaltung, die Vereinbarkeit von Familie und Beruf erleichtert. Sie eröffnet neue Möglichkeiten für Zusammenarbeit und Innovation und bietet Menschen die Möglichkeit, ihre Talente und Leidenschaften zu entfalten.

Die Zukunft der Arbeit

Die Zukunft der Arbeit wird von KI, Automatisierung und Digitalisierung geprägt sein. Es ist wichtig, dass wir uns auf diese Veränderungen vorbereiten und die notwendigen Fähigkeiten entwickeln, um in der neuen Arbeitswelt erfolgreich zu sein.

Die Geschichte von Maria und Ahmed:

Maria ist eine freiberufliche Designerin, die in einem virtuellen Team mit Menschen aus aller Welt zusammenarbeitet. Sie nutzt KI-gestützte Tools, um ihre Designs zu erstellen und mit ihren Kunden zu kommunizieren. Ahmed ist ein Softwareentwickler, der an der Entwicklung von KI-Systemen arbeitet. Er ist Teil einer globalen Community von Entwicklern, in der er sich über die neuesten Technologien austauscht und neue Projekte findet.

Maria und Ahmed sind ein Beispiel dafür, wie die Arbeitswelt der Zukunft aussehen könnte. Sie zeigen, dass virtuelle Teams und globale Netzwerke die Zusammenarbeit und das Networking revolutionieren werden. Sie verdeutlichen aber auch die Bedeutung von kontinuierlicher Weiterbildung und persönlicher Beziehungen in einer zunehmend digitalisierten Arbeitswelt.

Szenario 5: Bildung und Lernen in einer von KI geprägten Welt - Zwischen personalisierten Lernpfaden und der Gefahr der digitalen Kluft

Es ist das Jahr 2040. KI hat die Bildungslandschaft revolutioniert. Klassische Frontalunterrichte sind weitgehend durch personalisierte Lernpfade ersetzt worden, die auf den individuellen Bedürfnissen und Fähigkeiten jedes Schülers basieren.

Personalisierte Lernpfade

KI-gestützte Lernplattformen analysieren die Stärken und Schwächen jedes Schülers und passen den Lernstoff, die Geschwindigkeit und die Art der Vermittlung individuell an. Schüler erhalten maßgeschneiderte Übungen, Aufgaben und Projekte, die sie optimal fördern.

Die Rolle der KI in der Bildung

KI-Systeme übernehmen viele Aufgaben, die früher von Lehrern erledigt wurden. Sie bewerten die Leistungen der Schüler, geben Feedback und unterstützen die Lehrer bei der Unterrichtsplanung. Die Lehrer konzentrieren sich auf die individuelle Betreuung der Schüler, die Förderung ihrer Kreativität und sozialen Kompetenzen sowie die Vermittlung von Werten und ethischen Grundsätzen.

Virtuelle Realität und Augmented Reality

Virtuelle Realität (VR) und Augmented Reality (AR) spielen eine immer größere Rolle im Unterricht. Schüler können in virtuelle Welten eintauchen, um historische Ereignisse zu erleben, wissenschaftliche Experimente durchzuführen oder fremde Kulturen zu entdecken. AR-Anwendungen erweitern die reale Umgebung um digitale Elemente und ermöglichen so ein interaktives und anschauliches Lernen.

Die Bedeutung von persönlichem Kontakt

Trotz aller technologischen Fortschritte bleibt der persönliche Kontakt zwischen Schülern und Lehrern sowie zwischen Schülern untereinander wichtig. Die Schule ist nicht nur ein Ort des Lernens, sondern auch ein Ort der Begegnung, des Austauschs und der sozialen Interaktion.

Die Herausforderungen der neuen Bildungslandschaft

Die neue Bildungslandschaft bringt einige Herausforderungen mit sich. Dazu gehört die Gefahr einer digitalen Kluft, wenn nicht alle Schüler den gleichen Zugang zu Technologie und hochwertigen Lernmaterialien haben. Auch die Frage der Privatsphäre und des Datenschutzes bei der Nutzung von KI-Systemen in der Bildung ist von Bedeutung.

Die Chancen der neuen Bildungslandschaft

Die neue Bildungslandschaft bietet aber auch viele Chancen. Sie ermöglicht eine individuelle Förderung jedes Schülers, die Entfaltung seiner Talente und die Vermittlung von Fähigkeiten, die in der Arbeitswelt der Zukunft benötigt werden. Sie eröffnet neue Möglichkeiten für das lebenslange Lernen und die Weiterbildung.

Die Zukunft der Bildung

Die Zukunft der Bildung wird von KI, personalisierten Lernpfaden und digitalen Technologien geprägt sein. Es ist wichtig, dass wir uns auf diese Veränderungen vorbereiten und sicherstellen, dass alle Schüler die gleichen Bildungschancen haben.

Die Geschichte von Sophie und Max:

Sophie ist eine Schülerin, die mit Hilfe einer KI-gestützten Lernplattform individuell gefördert wird. Die Plattform hat ihre Stärken im Bereich der Mathematik erkannt und stellt ihr Aufgaben und Übungen bereit, die sie optimal herausfordern. Max ist ein Lehrer, der mit Hilfe von KI-Systemen den Unterricht plant und die Leistungen seiner Schüler bewertet. Er hat mehr Zeit für die individuelle Betreuung seiner Schüler und kann sie in ihren Lernprozessen besser unterstützen.

Sophie und Max sind ein Beispiel dafür, wie die Bildung der Zukunft aussehen könnte. Sie zeigen, dass personalisierte Lernpfade und digitale Technologien die Bildung revolutionieren werden. Sie verdeutlichen aber auch die Bedeutung von persönlichen Beziehungen und sozialer Interaktion in der Schule.

Szenario 6: Die Zukunft der Arbeit: KI, Automatisierung und die Rolle des Menschen

Es ist das Jahr 2040. Die Arbeitswelt hat sich durch den Einfluss von KI und Automatisierung drastisch verändert. Viele repetitive und manuelle Aufgaben werden von Robotern und intelligenten Systemen erledigt, während sich die Menschen auf kreative, strategische und zwischenmenschliche Tätigkeiten konzentrieren.

Die Rolle von KI und Automatisierung

KI-Systeme übernehmen eine Vielzahl von Aufgaben, die früher von Menschen erledigt wurden. Sie analysieren große Datenmengen, treffen Entscheidungen und automatisieren Prozesse. Dadurch werden Arbeitsabläufe effizienter und produktiver. Gleichzeitig führt dies aber auch zu Veränderungen in der Arbeitsstruktur und den benötigten Fähigkeiten.

Der Mensch im Mittelpunkt

Der Mensch konzentriert sich auf Aufgaben, die menschliche Intelligenz, Kreativität und emotionale Intelligenz erfordern. Dazu gehören:

- **Kreativität und Innovation**: Die Entwicklung neuer Produkte, Dienstleistungen und Geschäftsmodelle.

- **Strategisches Denken und Problemlösung**: Die Analyse komplexer Sachverhalte und die Entwicklung von Lösungen für neue Herausforderungen.
- **Kommunikation und Zusammenarbeit**: Der Aufbau und die Pflege zwischenmenschlicher Beziehungen, die Führung von Teams und die Zusammenarbeit über verschiedene Disziplinen hinweg.
- **Emotionale Intelligenz und Empathie**: Das Verständnis und die Berücksichtigung der Bedürfnisse und Gefühle anderer Menschen.

Neue Arbeitsmodelle

Es entstehen neue Arbeitsmodelle, die Flexibilität und Autonomie fördern. Remote-Arbeit, virtuelle Teams und projektbasierte Zusammenarbeit werden immer wichtiger. Die Menschen haben mehr Freiheit bei der Gestaltung ihrer Arbeitszeiten und -orte.

Die Bedeutung von Weiterbildung

Lebenslanges Lernen und die Bereitschaft, sich immer weiterzubilden, werden in der Arbeitswelt der Zukunft entscheidend sein. Menschen müssen sich an neue Technologien und Arbeitsweisen anpassen und ihre Fähigkeiten kontinuierlich weiterentwickeln.

Die Herausforderungen der neuen Arbeitswelt

Die Transformation der Arbeitswelt bringt auch Herausforderungen mit sich. Dazu gehört die Angst vor Arbeitsplatzverlust durch Automatisierung. Es ist wichtig, dass wir uns mit diesen Ängsten auseinandersetzen und Lösungen finden, um den Übergang in die neue Arbeitswelt sozial und fair zu gestalten.

Die Chancen der neuen Arbeitswelt

Die neue Arbeitswelt bietet viele Chancen. Sie ermöglicht es den Menschen, ihre Talente und Leidenschaften zu entfalten und einen Sinn in ihrer Arbeit zu finden. Sie eröffnet neue Möglichkeiten für Innovation und Kreativität und kann zu einer höheren Lebensqualität führen.

Die Zukunft der Arbeit

Die Zukunft der Arbeit wird von KI, Automatisierung und Digitalisierung geprägt sein. Es ist wichtig, dass wir uns auf diese Veränderungen vorbereiten und die notwendigen Fähigkeiten entwickeln, um in der neuen Arbeitswelt erfolgreich zu sein.

Die Geschichte von Sarah und Ben:

Sarah ist eine junge Frau, die sich nach ihrem Studium für eine Karriere im Bereich der künstlichen Intelligenz entschieden hat. Sie arbeitet an der Entwicklung neuer KI-Anwendungen, die in verschiedenen Branchen eingesetzt werden können. Ben ist ein erfahrener Manager, der gelernt hat, wie man virtuelle Teams führt und die Vorteile der Automatisierung nutzt, um die Effizienz seines Unternehmens zu steigern.

Sarah und Ben sind Beispiele dafür, wie die Arbeitswelt der Zukunft aussehen könnte. Sie zeigen, dass KI und Automatisierung nicht nur eine Bedrohung darstellen, sondern auch neue Möglichkeiten für die Menschen schaffen können. Sie verdeutlichen aber auch die Bedeutung von Weiterbildung, Anpassungsfähigkeit und zwischenmenschlichen Fähigkeiten in der Arbeitswelt der Zukunft.

Szenario 7: Das Einkaufszentrum 2040 - Zwischen Erlebniswelten und personalisierten Angeboten

Es ist das Jahr 2040. Einkaufszentren, wie wir sie heute kennen, sind kaum wiederzuerkennen. Sie haben sich von reinen Orten des Konsums zu Erlebniswelten gewandelt, in denen der Einkauf selbst zur Nebensache wird.

Die Rolle der Technologie

Technologie spielt in Einkaufszentren der Zukunft eine zentrale Rolle. KI-gestützte Systeme analysieren das Verhalten der Kunden, personalisieren Angebote und schaffen ein individuelles Einkaufserlebnis. VR- und AR-Anwendungen ermöglichen es den Kunden, Produkte virtuell zu testen oder sich in andere Welten zu entführen.

Erlebniswelten statt Einkaufsmeilen

Einkaufszentren sind nicht mehr nur Orte zum Einkaufen, sondern auch Orte der Begegnung, der Unterhaltung und des Erlebnisses. Sie bieten eine Vielzahl von Attraktionen, wie z.B. Indoor-Freizeitparks, Kinos, Restaurants, Cafés und Veranstaltungsflächen. Der Einkauf selbst wird zu einem Teil des Erlebnisses.

Personalisierte Angebote

KI-gestützte Systeme analysieren die Vorlieben und das Kaufverhalten der Kunden und erstellen personalisierte Angebote. Kunden erhalten individuelle Empfehlungen, Rabatte und Gutscheine, die auf ihre Bedürfnisse zugeschnitten sind.

Interaktive und intelligente Geschäfte

Die Geschäfte in Einkaufszentren der Zukunft sind interaktiv und intelligent. Kunden können Produkte virtuell testen, sich von KI-Beratern beraten lassen oder ihre Einkäufe mit Hilfe von Robotern abholen.

Nachhaltigkeit und Regionalität

Nachhaltigkeit und Regionalität spielen eine immer größere Rolle. Einkaufszentren bieten eine große Auswahl an regionalen Produkten und setzen auf umweltfreundliche Technologien.

Die Herausforderungen der neuen Einkaufslandschaft

Die neue Einkaufslandschaft bringt einige Herausforderungen mit sich. Dazu gehört die Konkurrenz durch den Online-Handel, der immer stärker wird. Auch die Frage der Privatsphäre und des Datenschutzes bei der Nutzung von KI-Systemen ist von Bedeutung.

Die Chancen der neuen Einkaufslandschaft

Die neue Einkaufslandschaft bietet aber auch viele Chancen. Sie ermöglicht ein individuelles und personalisiertes Einkaufserlebnis, das den Kunden einen Mehrwert bietet. Sie eröffnet neue Möglichkeiten für die Interaktion zwischen Kunden und Händlern und kann zu einer Stärkung des stationären Handels führen.

Die Zukunft des Einkaufs

Die Zukunft des Einkaufs wird von Technologie, Erlebniswelten und Individualisierung geprägt sein. Es ist wichtig, dass wir uns auf diese Veränderungen vorbereiten und die Einkaufszentren so gestalten, dass sie den Bedürfnissen der Kunden gerecht werden.

Die Geschichte von Familie Meier:

Familie Meier beschließt, einen Tag im Einkaufszentrum der Zukunft zu verbringen. Schon beim Betreten des Einkaufszentrums werden sie von einem intelligenten System begrüßt, das sie persönlich anspricht und ihnen individuelle Angebote unterbreitet. Die Kinder freuen sich auf den Indoor-Freizeitpark, während sich die Eltern auf einen entspannten Einkaufsbummel freuen.

Im Bekleidungsgeschäft können sie die neue Kollektion virtuell anprobieren, ohne die Kleidung tatsächlich anziehen zu müssen. Im Supermarkt werden sie von einem KI-Berater über die Herkunft und die Inhaltsstoffe der Produkte informiert. Zum Mittagessen kehren sie in einem Restaurant ein, in dem die Speisen von Robotern zubereitet werden.

Familie Meier ist begeistert von dem vielfältigen Angebot und dem individuellen Service. Sie haben einen schönen Tag im Einkaufszentrum verbracht und sind mit vielen neuen Eindrücken und Einkäufen nach Hause gefahren.

Analyse und Vergleich: Die Zukunft der menschlichen Verbindung - Eine vergleichende Betrachtung

Die vorgestellten Szenarien zeigen, dass die Zukunft der menschlichen Verbindung von einer Vielzahl von Faktoren beeinflusst wird, insbesondere von den rasanten Fortschritten in den Bereichen KI und digitale Technologien. Jedes Szenario hat seine eigenen Vor- und Nachteile, Chancen und Risiken, die es zu berücksichtigen gilt.

Die vernetzte Familie

Vorteile: Flexiblere Kommunikation, individuelle Förderung der Familienmitglieder, bessere Vereinbarkeit von Familie und Beruf.

Nachteile: Überflutung an Informationen und Ablenkungen, Gefährdung der Privatsphäre, emotionale Distanz durch virtuelle Kommunikation.

Chancen: Entwicklung neuer Formen der familiären Interaktion, Unterstützung von Familienmitgliedern mit besonderen Bedürfnissen, Stärkung des Zusammenhalts durch gemeinsame virtuelle Erlebnisse.

Risiken: Verlust traditioneller Familienstrukturen und -werte, Zunahme von Konflikten durch digitale Kommunikation, Abhängigkeit von Technologie.

Freundschaft im digitalen Zeitalter

Vorteile: Globale Vernetzung, einfache Kontaktaufnahme und -pflege, vielfältige Möglichkeiten für Interaktion und Austausch.

Nachteile: Oberflächliche Beziehungen, Verlust emotionaler Nähe und Empathie, Gefahr von Missverständnissen und Konflikten.

Chancen: Entstehung neuer Formen der Freundschaft, Förderung von Vielfalt und interkulturellem Austausch, Aufbau von globalen Gemeinschaften.

Risiken: Soziale Isolation, Cybermobbing, Online-Belästigung, Verlust der Privatsphäre.

Romantik und Partnerschaft in Zeiten von KI

Vorteile: Effiziente Partnersuche, personalisierte Empfehlungen, Unterstützung bei der Planung und Gestaltung von Beziehungen.

Nachteile: Emotionale Entfremdung, oberflächliche Beziehungen, Verlust von Spontaneität und Authentizität.

Chancen: Neue Möglichkeiten der Partnerfindung, Verbesserung der Kommunikation und des Verständnisses in Beziehungen, Unterstützung bei der Lösung von Konflikten.

Risiken: Manipulation durch Algorithmen, Verlust der Privatsphäre, Abhängigkeit von Technologie.

Zusammenarbeit und Networking in der Arbeitswelt der Zukunft

Vorteile: Globale Zusammenarbeit, flexible Arbeitsmodelle, Zugang zu vielfältigen Kompetenzen und Perspektiven.

Nachteile: Kontinuierliche Weiterbildung erforderlich, Abgrenzung zwischen Arbeit und Privatleben schwierig, Angst vor Arbeitsplatzverlust.

Chancen: Neue Möglichkeiten für Innovation und Kreativität, Entfaltung der Talente und Leidenschaften, höhere Lebensqualität durch flexible Arbeitszeiten.

Risiken: Überforderung durch ständige Erreichbarkeit, Verlust von persönlichem Kontakt und sozialer Interaktion, wachsende Ungleichheit.

Bildung und Lernen in einer von KI geprägten Welt

Vorteile: Personalisierte Lernpfade, individuelle Förderung, Zugang zu hochwertigen Lernmaterialien und interaktiven Lernumgebungen.

Nachteile: Gefahr der digitalen Kluft, Frage der Privatsphäre und des Datenschutzes, Verlust von persönlichem Kontakt und sozialer Interaktion.

Chancen: Förderung von individuellen Talenten und Fähigkeiten, Vermittlung von Kompetenzen für die Arbeitswelt der Zukunft, lebenslanges Lernen.

Risiken: Abhängigkeit von Technologie, Verlust von Kreativität und kritischem Denken, soziale Ungleichheit.

Das Einkaufszentrum 2040

Vorteile: Personalisiertes Einkaufserlebnis, vielfältige Angebote, Kombination von Einkauf und Erlebnis.

Nachteile: Konkurrenz durch Online-Handel, Frage der Privatsphäre und des Datenschutzes, mögliche Überforderung durch Technologie.

Chancen: Stärkung des stationären Handels, Schaffung von attraktiven Innenstädten, Förderung von regionalen Produkten und nachhaltigem Konsum.

Risiken: Verlust von Individualität und Vielfalt, Kommerzialisierung des öffentlichen Raums, Überwachung der Kunden durch KI-Systeme.

Die Analyse der verschiedenen Szenarien zeigt, dass die Zukunft der menschlichen Verbindung sowohl große Chancen als auch erhebliche Risiken birgt. Es liegt an uns, die Technologie so zu gestalten und zu nutzen, dass sie uns dabei hilft, starke und sinnvolle Beziehungen aufzubauen und zu erhalten. Wir müssen uns der Herausforderungen bewusst sein und Lösungen finden, um die negativen Auswirkungen zu minimieren. Gleichzeitig sollten wir die Chancen nutzen, um eine Zukunft zu gestalten, in der die menschliche Verbindung eine zentrale Rolle spielt.

Kapitel 2:

Technologie als Brücke: Wie digitale Innovationen die menschliche Verbindung stärken können

Technologie durchdringt mittlerweile alle Bereiche unseres Lebens. Sie hat nicht nur die Art und Weise, wie wir arbeiten, kommunizieren und uns informieren, revolutioniert, sondern auch die Art und Weise, wie wir Beziehungen knüpfen, pflegen und gestalten.

In einer zunehmend digitalisierten Welt, in der persönliche Begegnungen seltener werden und virtuelle Interaktionen eine immer größere Rolle spielen, stellt sich die Frage, wie Technologie die menschliche Verbindung beeinflusst. Dient sie als Brücke, die uns einander näherbringt, oder als Mauer, die uns voneinander trennt?

Dieses Kapitel widmet sich dieser Frage und untersucht, wie digitale Innovationen genutzt werden können, um menschliche Verbindungen zu stärken und zu fördern. Wir werden uns mit den verschiedenen Technologien befassen, die uns zur Verfügung stehen, von AR/VR über soziale Medien bis hin zu KI-gestützten Plattformen, und uns fragen, wie sie uns dabei helfen können, tiefere und bedeutungsvollere Beziehungen aufzubauen.

AR/VR (Augmented Reality/Virtual Reality)

AR/VR-Anwendungen bieten eine Vielzahl von Möglichkeiten, Menschen miteinander zu verbinden und gemeinsame Erlebnisse zu schaffen, unabhängig von ihrer physischen Lage.

Virtuelle Treffen und ferngesteuerten Zusammenwirken: AR/VR-Anwendungen ermöglichen es Menschen, sich in virtuellen Räumen zu treffen, auch wenn sie physisch voneinander getrennt sind. Dies kann besonders für Menschen in isolierten Gebieten oder mit eingeschränkter Mobilität von Vorteil sein.

Beispiel: Ein Unternehmen nutzt VR-Anwendungen, um virtuelle Konferenzen und Meetings abzuhalten, an denen Mitarbeiter aus aller Welt teilnehmen können.

Vorteil: Reduzierung von Reisekosten und Zeitaufwand, Förderung der globalen Zusammenarbeit.

Risiko: Verlust von persönlichem Kontakt und nonverbaler Kommunikation.

Gemeinsame Erlebnisse und Aktivitäten: AR/VR-Anwendungen können genutzt werden, um gemeinsame Erlebnisse zu schaffen, wie z.B. virtuelle Reisen, Konzerte oder Spiele. Dies kann das Gefühl der Verbundenheit zwischen Menschen stärken.

Beispiel: Eine Familie nutzt eine AR-Anwendung, um gemeinsam einen virtuellen Spaziergang durch einen

Nationalpark zu unternehmen, den sie physisch nicht besuchen können.

Vorteil: Ermöglichung gemeinsamer Erlebnisse, auch wenn Menschen weit voneinander entfernt sind.

Risiko: Gefahr der Realitätsflucht und des Verlusts des Bezugs zur realen Welt.

Immersive Lernumgebungen: AR/VR-Anwendungen können immersive Lernumgebungen schaffen, in denen Menschen gemeinsam lernen und interagieren können. Dies kann den Lernprozess interaktiver und motivationaler gestalten.

Beispiel: Eine Universität nutzt VR-Anwendungen, um Studenten die Möglichkeit zu geben, historische Ereignisse virtuell zu erleben oder wissenschaftliche Experimente durchzuführen.

Vorteil: Förderung des interaktiven und erfahrungsbasierten Lernens.

Risiko: Hohe Kosten für die Entwicklung und Implementierung von VR/AR-Anwendungen.

Soziale Medien

Soziale Medien haben sich zu einer wichtigen Plattform für die Kommunikation und Interaktion zwischen Menschen entwickelt. Sie bieten eine Vielzahl von

Möglichkeiten, in Kontakt zu treten, sich auszutauschen und Beziehungen aufzubauen.

Globale Vernetzung: Soziale Medien ermöglichen es Menschen, mit anderen in Kontakt zu treten, die ähnlichen Interessen und Werte teilen, unabhängig von ihrer geografischen Lage. Dies kann zur Entstehung neuer Freundschaften und Gemeinschaften führen.

Beispiel: Eine Gruppe von Menschen mit einer seltenen Krankheit findet über eine soziale Mediengruppe zusammen, um sich auszutauschen, gegenseitig zu unterstützen und Informationen zu finden.

Vorteil: Ermöglichung des Kontakts zu Menschen mit ähnlichen Interessen und Erfahrungen.

Risiko: Gefahr der Filterblasen und der Echokammern, in denen nur noch die eigene Meinung bestätigt wird.

Unterstützung und Austausch: Soziale Medien können genutzt werden, um sich gegenseitig zu unterstützen, Erfahrungen auszutauschen und voneinander zu lernen. Dies kann besonders für Menschen in schwierigen Lebenslagen hilfreich sein.

Beispiel: Eine Gruppe von Eltern tauscht sich in einer sozialen Mediengruppe über die Herausforderungen der Kindererziehung aus und gibt sich gegenseitig Tipps und Ratschläge.

Vorteil: Zugang zu Unterstützung und Informationen von anderen Betroffenen.

Risiko: Gefahr von Fehlinformationen und Fake News.

Interkultureller Austausch: Soziale Medien ermöglichen den Austausch zwischen Menschen aus verschiedenen Kulturen und Ländern. Dies kann zu einem besseren Verständnis und einer größeren Toleranz gegenüber anderen Kulturen führen.

Beispiel: Eine Gruppe von Studenten aus verschiedenen Ländern nutzt eine soziale Medienplattform, um sich über ihre Kulturen auszutauschen und gemeinsame Projekte zu planen.

Vorteil: Förderung des interkulturellen Verständnisses und des Abbaus von Vorurteilen.

Risiko: Gefahr von Hassreden und Diskriminierung.

KI (Künstliche Intelligenz)

KI-gestützte Systeme haben das Potenzial, die Art und Weise, wie wir kommunizieren und interagieren, grundlegend zu verändern. Sie können uns bei der Kommunikation unterstützen, uns mit anderen in Kontakt bringen und uns sogar emotionale Unterstützung bieten.

Intelligente Kommunikationsassistenten: KI-gestützte Chatbots und virtuelle Assistenten können Menschen bei der Kommunikation unterstützen, z.B. durch Übersetzung von Nachrichten, Vorschläge für Gesprächsthemen oder emotionale Unterstützung.

Beispiel: Ein Unternehmen setzt einen KI-Chatbot ein, um Kundenanfragen zu beantworten und ihnen bei der Lösung von Problemen zu helfen.

Vorteil: Schnelle und effiziente Kommunikation, Entlastung der Mitarbeiter.

Risiko: Verlust von persönlichem Kontakt und Empathie.

Personalisierte Empfehlungen: KI-Systeme können genutzt werden, um Menschen mit anderen in Kontakt zu bringen, die ähnlichen Interessen und Werte teilen. Dies kann die Entstehung neuer Freundschaften und Beziehungen fördern.

Beispiel: Eine Dating-App nutzt KI-Algorithmen, um Nutzern Partnervorschläge zu machen, die auf ihren Interessen und Persönlichkeitsmerkmalen basieren.

Vorteil: Erhöhung der Wahrscheinlichkeit, einen passenden Partner zu finden.

Risiko: Gefahr der Manipulation und des Verlusts der Autonomie.

Emotionale Unterstützung: KI-Systeme können so entwickelt werden, dass sie die Emotionen von Menschen erkennen und darauf reagieren. Dies kann dazu beitragen, dass Menschen sich verstanden und unterstützt fühlen.

Beispiel: Ein KI-gestützter Chatbot wird eingesetzt, um Menschen mit psychischen Problemen eine erste Anlaufstelle für Unterstützung und Beratung zu bieten.

Vorteil: Niedrigschwelliger Zugang zu psychologischer Unterstützung.

Risiko: Gefahr der Abhängigkeit von der KI und des Verlusts des Kontakts zu realen Therapeuten.

Weitere Technologien

Neben den bereits genannten Technologien gibt es noch viele weitere innovative Anwendungen und Entwicklungen, die in Zukunft eine wichtige Rolle bei der Förderung menschlicher Verbindung spielen werden.

Wearables: Wearables, wie z.B. Smartwatches oder Fitness-Tracker, können genutzt werden, um die körperliche und emotionale Gesundheit von Menschen zu überwachen und sie bei der Pflege ihrer sozialen Beziehungen zu unterstützen.

Internet der Dinge (IoT): Das IoT ermöglicht die Vernetzung von Gegenständen und Geräten, was zu neuen Formen der Interaktion und des Austauschs führen kann.

Blockchain: Die Blockchain-Technologie kann genutzt werden, um sichere und transparente Plattformen für die Kommunikation und Zusammenarbeit zu schaffen.

Es ist wichtig zu betonen, dass dies nur einige Beispiele für die vielfältigen Möglichkeiten sind, wie Technologie die menschliche Verbindung fördern kann. Es gibt noch viele weitere innovative Anwendungen und Entwicklungen, die in Zukunft eine wichtige Rolle spielen werden.

Kapitel 3:

Best Practices: Wie Technologie bereits erfolgreich eingesetzt wird, um Beziehungen zu fördern

Nachdem wir uns mit den verschiedenen Technologien befasst haben, die das Potenzial haben, menschliche Verbindungen zu stärken, wollen wir uns nun konkrete Beispiele ansehen, wie diese Technologien bereits erfolgreich eingesetzt werden, um positive soziale Auswirkungen zu erzielen.

Projekte zur Förderung der Inklusion von Menschen mit Behinderungen

Technologie kann eine entscheidende Rolle bei der Inklusion von Menschen mit Behinderungen spielen, indem sie ihnen hilft, leichter mit anderen zu kommunizieren, soziale Kontakte zu knüpfen und an gemeinsamen Aktivitäten teilzunehmen.

Beispiel 1: Die App "Ava" ermöglicht es gehörlosen und schwerhörigen Menschen, Gespräche in Echtzeit zu verfolgen, indem sie Sprache in Text umwandelt. Dies erleichtert die Kommunikation im Alltag und in beruflichen Situationen erheblich.

Beispiel 2: Die Plattform "Wheelmap" bietet eine Karte, die barrierefreie Orte wie Restaurants, Cafés oder öffentliche Gebäude verzeichnet. Dies hilft Menschen mit Mobilitätseinschränkungen, ihren Alltag besser zu planen und am sozialen Leben teilzunehmen.

Beispiel 3: Das Projekt "AbleGamers" entwickelt spezielle Controller und Ausrüstung für Videospiele, die es Menschen mit Behinderungen ermöglichen, Computerspiele zu spielen und so sich mit anderen Spielern zu vernetzen.

Initiativen zur Unterstützung von älteren Menschen

Technologie kann älteren Menschen helfen, mit ihrer Familie und Freunden in Kontakt zu bleiben, an virtuellen Veranstaltungen teilzunehmen und sich online weiterzubilden.

Beispiel 1: Die Plattform "Enkel Netz" bietet älteren Menschen die Möglichkeit, sich mit anderen Senioren auszutauschen, an Online-Kursen teilzunehmen oder virtuelle Spaziergänge durch Museen und Städte zu unternehmen.

Beispiel 2: Das Projekt "Silver Surfer" bietet älteren Menschen Computerkurse an, in denen sie den Umgang mit dem Internet und digitalen Medien lernen können.

Beispiel 3: Viele Pflegeeinrichtungen setzen Roboter ein, die älteren Menschen bei alltäglichen Aufgaben helfen oder ihnen Gesellschaft leisten können.

Anwendungen zur Förderung des interkulturellen Austauschs

Technologie kann Menschen aus verschiedenen Ländern und Kulturen zusammenbringen, um sich auszutauschen, voneinander zu lernen und gemeinsame Projekte zu entwickeln.

Beispiel 1: Die Plattform "iEARN" ermöglicht es Schülern und Lehrern aus aller Welt, gemeinsam an Projekten zu arbeiten, sich über ihre Kulturen auszutauschen und voneinander zu lernen.

Beispiel 2: Die App "Duolingo" bietet kostenlose Sprachkurse an und ermöglicht es Nutzern, sich mit anderen Sprachlernern auszutauschen und ihre Fortschritte zu teilen.

Beispiel 3: Viele Universitäten bieten virtuelle Austauschprogramme an, in denen Studenten aus verschiedenen Ländern gemeinsam an Kursen teilnehmen und miteinander interagieren können.

Projekte zur Unterstützung von Menschen in Krisensituationen

Technologie kann Menschen in Notlagen helfen, schnell Hilfe zu finden, sich mit anderen Betroffenen zu vernetzen oder Informationen zu relevanten Themen zu erhalten.

Beispiel 1: Die App "Hilfe im Notfall" bietet einen schnellen Zugang zu Notdiensten und Informationen für Menschen in Krisensituationen.

Beispiel 2: Soziale Medien werden oft genutzt, um Spendenaktionen für Menschen in Notlagen zu organisieren oder um vermisste Personen zu suchen.

Beispiel 3: Online-Plattformen bieten Menschen in Krisengebieten die Möglichkeit, sich mit Hilfsorganisationen zu vernetzen und Unterstützung zu erhalten.

Weitere Beispiele

Neben den bereits genannten Beispielen gibt es noch viele weitere Projekte und Initiativen, die zeigen, wie Technologie genutzt werden kann, um positive soziale Auswirkungen zu erzielen. Dazu gehören:

Plattformen für Mentoring Beziehungen: Technologie kann genutzt werden, um Menschen mit unterschiedlichen Hintergründen und Erfahrungen zusammenzubringen, um Mentoring Beziehungen zu fördern.

Anwendungen zur Förderung der psychischen Gesundheit: Technologie kann genutzt werden, um Menschen mit psychischen Problemen eine erste Anlaufstelle für Unterstützung und Beratung zu bieten.

Projekte zur Förderung des sozialen Engagements: Technologie kann genutzt werden, um Menschen zu motivieren, sich sozial zu engagieren und positive Veränderungen in ihrer Gemeinschaft zu bewirken.

Kapitel 4:

Ethische Überlegungen: Die dunkle Seite der digitalen Verbindung - Herausforderungen und Risiken

Nachdem wir uns mit den vielfältigen Möglichkeiten und positiven Beispielen für den Einsatz von Technologie zur Förderung menschlicher Verbindung beschäftigt haben, ist es unerlässlich, auch die ethischen Implikationen und potenziellen Risiken zu beleuchten. Denn Technologie ist nicht neutral, und ihre Nutzung birgt auch Schattenseiten, die wir uns bewusst machen müssen, um sicherzustellen, dass die digitale Revolution nicht zu einer Entmenschlichung unserer Gesellschaft führt.

Datenschutz und Privatsphäre - Die gläserne Seele

Ein zentrales ethisches Problem ist der Schutz der Privatsphäre und der persönlichen Daten. Wenn wir uns in digitalen Räumen bewegen, kommunizieren und interagieren, hinterlassen wir unweigerlich Spuren. Diese Daten können von Unternehmen, Organisationen oder sogar Regierungen gesammelt, analysiert und genutzt werden, um Profile von uns zu erstellen, unser Verhalten zu beeinflussen oder uns gar zu manipulieren.

Beispiel: Soziale Medienplattformen sammeln riesige Mengen an Daten über ihre Nutzer, wie z.B. Interessen, Vorlieben, Beziehungen und sogar politische Meinungen. Diese Daten können genutzt werden, um personalisierte Werbung auszuspielen oder Nutzer gezielt zu beeinflussen.

Risiko: Der Verlust der Privatsphäre kann zu einem Gefühl der Überwachung und des Kontrollverlusts führen. Es besteht die Gefahr, dass persönliche Daten missbraucht werden oder in die falschen Hände geraten.

Manipulation und Abhängigkeit - Die dunkle Verführung

Technologie kann auch dazu missbraucht werden, Menschen zu manipulieren oder abhängig zu machen. Algorithmen und Benutzeroberflächen sind oft so gestaltet, dass sie uns dazu bringen, mehr Zeit online zu verbringen, mehr Inhalte zu konsumieren oder mehr Produkte zu kaufen.

Beispiel: Soziale Medienplattformen nutzen ausgeklügelte Algorithmen, um uns Inhalte anzuzeigen, die uns emotional ansprechen und uns dazu bringen, länger auf der Plattform zu bleiben.

Risiko: Die ständige Verfügbarkeit von digitalen Medien kann zu einer Überflutung an Informationen und Ablenkungen führen. Es besteht die Gefahr, dass wir uns in virtuellen Welten verlieren und den Bezug zur realen Welt verlieren.

Digitale Kluft und soziale Ungleichheit - Die Zwei-Klassen-Gesellschaft

Nicht alle Menschen haben den gleichen Zugang zu Technologie und digitalen Medien. Es entsteht eine digitale Kluft zwischen denjenigen, die die Vorteile der Digitalisierung nutzen können, und denjenigen, die ausgeschlossen sind. Dies kann zu sozialer Ungleichheit und einer Zwei-Klassen-Gesellschaft führen.

Beispiel: Menschen in einkommensschwachen Familien haben oft keinen Zugang zu Computern oder dem Internet. Dadurch haben sie schlechtere Bildungschancen und sind von vielen sozialen und wirtschaftlichen Möglichkeiten ausgeschlossen.

Risiko: Die digitale Kluft kann dazu führen, dass sich die soziale Ungleichheit weiter vergrößert und dass bestimmte Gruppen von Menschen marginalisiert werden.

Emotionale Entfremdung und Verlust der Empathie - Die kalte Welt

Die digitale Kommunikation kann zu einer emotionalen Entfremdung zwischen Menschen führen. Wenn wir mehr Zeit online verbringen als miteinander zu interagieren, kann die Fähigkeit, Empathie zu entwickeln und tiefe emotionale Verbindungen einzugehen, leiden.

Beispiel: Menschen, die viel Zeit in sozialen Medien verbringen, können Schwierigkeiten haben, persönliche Beziehungen aufzubauen und zu pflegen.

Risiko: Der Verlust der Empathie kann zu einer Zunahme von Konflikten und sozialer Isolation führen.

Die Rolle der Ethik in der digitalen Welt - Verantwortung für die Zukunft

Die ethischen Herausforderungen der digitalen Welt sind vielfältig und komplex. Es ist wichtig, dass wir uns mit diesen Herausforderungen auseinandersetzen und gemeinsam nach Lösungen suchen.

Die Rolle der Unternehmen: Unternehmen, die digitale Technologien entwickeln und anbieten, haben eine besondere Verantwortung für die ethischen Auswirkungen ihrer Produkte und Dienstleistungen. Sie sollten sicherstellen, dass ihre Technologien nicht missbraucht werden und dass die Privatsphäre der Nutzer geschützt wird.

Die Rolle der Bildungseinrichtungen: Bildungseinrichtungen spielen eine wichtige Rolle bei der Vermittlung von Medienkompetenz und ethischem Denken. Sie sollten junge Menschen dazu befähigen, sich kritisch mit digitalen Medien auseinanderzusetzen und verantwortungsvolle Entscheidungen zu treffen.

Die Rolle der Politik: Die Politik ist gefordert, Rahmenbedingungen zu schaffen, die den Schutz der

Privatsphäre, die Bekämpfung von Manipulation und die Förderung der digitalen Inklusion gewährleisten.

Die Rolle jedes Einzelnen: Jeder Einzelne von uns trägt eine Verantwortung für die Art und Weise, wie wir Technologie nutzen. Wir sollten uns bewusst machen, welche Daten wir preisgeben, wie wir uns online verhalten und wie wir mit anderen kommunizieren.

Die ethischen Überlegungen, die wir in diesem Abschnitt behandelt haben, sind von zentraler Bedeutung für die Gestaltung der Zukunft der menschlichen Verbindung. Es liegt an uns, die Technologie so zu gestalten und zu nutzen, dass sie uns dabei hilft, starke und sinnvolle Beziehungen aufzubauen und zu erhalten, ohne dabei unsere Menschlichkeit zu verlieren.

Die Rolle der KI: Wie kann KI selbst dazu beitragen, menschliche Verbindungen zu verbessern?

KI hat das Potenzial, die Art und Weise, wie wir miteinander kommunizieren und interagieren, grundlegend zu verändern. Sie kann uns helfen, uns besser zu verstehen, unsere Bedürfnisse zu erkennen und Beziehungen aufzubauen, die tiefer und bedeutungsvoller sind als je zuvor.

Intelligente Kommunikationsassistenten - Der digitale Gesprächspartner

KI-gestützte Chatbots und virtuelle Assistenten können uns bei der Kommunikation unterstützen, indem sie z.B. Nachrichten übersetzen, Vorschläge für Gesprächsthemen machen oder uns emotionale Unterstützung bieten. Sie können uns helfen, uns besser auszudrücken, Missverständnisse zu vermeiden und Beziehungen aufzubauen.

Beispiel: Ein Unternehmen setzt einen KI-Chatbot ein, um Kundenanfragen zu beantworten und ihnen bei der Lösung von Problemen zu helfen. Der Chatbot ist nicht nur in der Lage, die Fragen der Kunden schnell und effizient zu beantworten, sondern er kann auch ihre Emotionen erkennen und darauf reagieren. Wenn ein Kunde z.B. frustriert ist, kann der Chatbot ihm anbieten, mit einem menschlichen Mitarbeiter zu sprechen.

Mögliche positive Auswirkungen: Schnellere und effizientere Kommunikation, Entlastung der Mitarbeiter, Verbesserung der Kundenzufriedenheit.

Personalisierte Empfehlungen - Der digitale Kuppler

KI-Systeme können genutzt werden, um Menschen mit anderen in Kontakt zu bringen, die ähnlichen Interessen und Werte teilen. Dies kann die Entstehung neuer Freundschaften und Beziehungen fördern.

Beispiel: Eine Dating-App nutzt KI-Algorithmen, um Nutzern Partnervorschläge zu machen, die auf ihren Interessen und Persönlichkeitsmerkmalen basieren. Die App berücksichtigt dabei nicht nur die Angaben, die die Nutzer in ihren Profilen gemacht haben, sondern auch ihr Verhalten auf der Plattform, wie z.B. welche Profile sie angesehen haben oder mit wem sie interagiert haben.

Mögliche positive Auswirkungen: Erhöhung der Wahrscheinlichkeit, einen passenden Partner zu finden, Förderung der Vielfalt und des interkulturellen Austauschs.

Emotionale Unterstützung - Der digitale Therapeut

KI-Systeme können so entwickelt werden, dass sie die Emotionen von Menschen erkennen und darauf reagieren. Dies kann dazu beitragen, dass Menschen sich verstanden und unterstützt fühlen.

Beispiel: Ein KI-gestützter Chatbot wird eingesetzt, um Menschen mit psychischen Problemen eine erste Anlaufstelle für Unterstützung und Beratung zu bieten. Der Chatbot ist in der Lage, die Stimmung des Nutzers zu erkennen und ihm personalisierte Empfehlungen für Entspannungsübungen oder therapeutische Gespräche zu geben.

Mögliche positive Auswirkungen: Niedrigschwelliger Zugang zu psychologischer Unterstützung, Reduzierung von Stigmatisierung, Förderung der psychischen Gesundheit.

Die Rolle der KI in der Zukunft der menschlichen Verbindung

KI hat das Potenzial, die Art und Weise, wie wir miteinander kommunizieren und interagieren, grundlegend zu verändern. Sie kann uns helfen, uns besser zu verstehen, unsere Bedürfnisse zu erkennen und Beziehungen aufzubauen, die tiefer und bedeutungsvoller sind als je zuvor.

Es ist jedoch wichtig, dass wir uns der ethischen Implikationen bewusst sind und sicherstellen, dass KI verantwortungsvoll und zum Wohle der menschlichen Verbindung eingesetzt wird. Wir müssen uns fragen, wie wir sicherstellen können, dass KI uns nicht von unserer Menschlichkeit entfremdet, sondern uns dabei hilft, unsere sozialen und emotionalen Bedürfnisse zu erfüllen.

Die Entwicklung von KI-Systemen, die die menschliche Verbindung fördern, ist eine große Herausforderung, aber auch eine große Chance. Wenn wir uns dieser Herausforderung stellen und die Möglichkeiten der KI nutzen, können wir eine Zukunft gestalten, in der Technologie und Menschlichkeit im Einklang stehen.

Zusammenfassung und Ausblick

KI hat das Potenzial, einen wertvollen Beitrag zur Förderung menschlicher Verbindung zu leisten. Intelligente Kommunikationsassistenten, personalisierte Empfehlungen und emotionale Unterstützung sind nur einige Beispiele für die vielfältigen Möglichkeiten, die KI uns bietet.

Es ist jedoch wichtig, dass wir uns der ethischen Implikationen bewusst sind und sicherstellen, dass KI verantwortungsvoll und zum Wohle der menschlichen Verbindung eingesetzt wird. Wir müssen uns fragen, wie wir sicherstellen können, dass KI uns nicht von unserer Menschlichkeit entfremdet, sondern uns dabei hilft, unsere sozialen und emotionalen Bedürfnisse zu erfüllen.

Die Entwicklung von KI-Systemen, die die menschliche Verbindung fördern, ist eine große Herausforderung, aber auch eine große Chance. Wenn wir uns dieser Herausforderung stellen und die Möglichkeiten der KI nutzen, können wir eine Zukunft gestalten, in der Technologie und Menschlichkeit im Einklang stehen.

Kapitel 5

Die Bedeutung von persönlichem Kontakt: Warum Face-to-Face-Interaktionen auch in Zukunft wichtig bleiben werden

In einer zunehmend digitalisierten Welt, in der virtuelle Interaktionen eine immer größere Rolle spielen, ist es wichtig, die Bedeutung von persönlichen Begegnungen und Face-to-Face-Interaktionen nicht zu vergessen. Denn auch wenn Technologie uns dabei helfen kann, miteinander in Kontakt zu bleiben und Beziehungen zu pflegen, so können persönliche Begegnungen doch etwas bieten, was keine virtuelle Interaktion ersetzen kann.

Emotionale Nähe und Empathie - Mehr als nur Worte

Persönliche Begegnungen ermöglichen eine tiefere emotionale Verbindung als virtuelle Interaktionen. Wir können die Körpersprache, die Mimik und die Stimme unseres Gegenübers wahrnehmen und dadurch besser verstehen, was er oder sie fühlt. Dies fördert die Empathie und das Mitgefühl füreinander.

Beispiel: Ein Freund, der uns persönlich besucht, kann uns besser trösten, wenn wir traurig sind, als ein Freund, der uns eine Nachricht schreibt oder uns anruft.

Mögliche positive Auswirkungen: Stärkung des Vertrauens, Förderung des Verständnisses, Aufbau tieferer Beziehungen.

Spontaneität und Kreativität - Jenseits des Bildschirms

Persönliche Begegnungen sind oft spontaner und kreativer als virtuelle Interaktionen. Wir können uns von der realen Welt inspirieren lassen, neue Ideen entwickeln und gemeinsam etwas unternehmen, was in virtuellen Räumen nicht möglich wäre.

Beispiel: Ein Treffen mit Freunden im Park kann zu einem spontanen Picknick, einem Fußballspiel oder einem interessanten Gespräch führen.

Mögliche positive Auswirkungen: Förderung der Kreativität, Stärkung des Gemeinschaftsgefühls, Schaffung unvergesslicher Erinnerungen.

Nonverbale Kommunikation - Die Sprache des Körpers

Die nonverbale Kommunikation spielt eine wichtige Rolle in unseren Beziehungen. Wir kommunizieren nicht nur durch Worte, sondern auch durch unsere

Körpersprache, unsere Mimik und unsere Gesten. Diese nonverbalen Signale können uns helfen, die Botschaft unseres Gegenübers besser zu verstehen und Missverständnisse zu vermeiden.

Beispiel: Ein Lächeln kann mehr sagen als tausend Worte.

Mögliche positive Auswirkungen: Verbesserung der Kommunikation, Stärkung des Verständnisses, Aufbau von Vertrauen.

Die Bedeutung von persönlichen Begegnungen in der Zukunft

Auch in einer zunehmend digitalisierten Welt werden persönliche Begegnungen und Face-to-Face-Interaktionen weiterhin wichtig bleiben. Sie sind ein wesentlicher Bestandteil unserer menschlichen Natur und tragen dazu bei, dass wir uns verbunden, verstanden und geliebt fühlen.

Es ist wichtig, dass wir uns der Bedeutung von persönlichen Begegnungen bewusst sind und uns Zeit für sie nehmen. Wir sollten uns nicht von der Technologie vereinnahmen lassen, sondern sie als ein Werkzeug nutzen, das uns dabei hilft, unsere Beziehungen zu pflegen und zu stärken, sowohl online als auch offline.

Die Rolle von Technologie bei der Ergänzung persönlicher Begegnungen

Technologie kann uns dabei helfen, persönliche Begegnungen zu planen, zu organisieren und zu ergänzen. Wir können soziale Medien nutzen, um uns mit Freunden zu verabreden, Videoanrufe führen, um ferne remote Beziehungen zu pflegen, oder Online-Plattformen nutzen, um gemeinsame Interessen zu entdecken und Menschen mit ähnlichen Interessen zu treffen.

Indem wir Technologie bewusst und verantwortungsvoll einsetzen, können wir sicherstellen, dass sie uns dabei hilft, unsere Beziehungen zu stärken und zu vertiefen, anstatt uns voneinander zu entfremden.

Zusammenfassung und Ausblick

Persönliche Begegnungen und Face-to-Face-Interaktionen werden auch in Zukunft eine wichtige Rolle in unserem Leben spielen. Sie ermöglichen eine tiefere emotionale Verbindung, fördern die Spontaneität und Kreativität und sind ein wesentlicher Bestandteil unserer nonverbalen Kommunikation.

Es ist wichtig, dass wir uns der Bedeutung von persönlichen Begegnungen bewusst sind und uns Zeit für sie nehmen. Wir sollten uns nicht von der Technologie vereinnahmen lassen, sondern sie als ein Werkzeug nutzen, das uns dabei hilft, unsere Beziehungen zu pflegen und zu stärken, sowohl online als auch offline.

Indem wir Technologie bewusst und verantwortungsvoll einsetzen, können wir sicherstellen, dass sie uns dabei hilft, unsere Beziehungen zu stärken und zu vertiefen, anstatt uns voneinander zu entfremden.

Kapitel 6:

Die Rolle der Unternehmen: Wie Technologie Beziehungen stärkt

Unternehmen spielen eine entscheidende Rolle bei der Gestaltung der Zukunft der menschlichen Verbindung. Sie haben nicht nur die Möglichkeit, Technologie zu nutzen, um ihre eigenen Beziehungen zu Mitarbeitern, Kunden und Partnern zu stärken, sondern sie können auch einen Beitrag dazu leisten, die positiven Auswirkungen der Technologie auf die Gesellschaft als Ganzes zu fördern.

Interne Kommunikation und Zusammenarbeit - Die digitale Revolution im Unternehmen

Technologie kann die interne Kommunikation und Zusammenarbeit in Unternehmen revolutionieren. Sie ermöglicht es Mitarbeitern, leichter miteinander in Kontakt zu treten, Informationen auszutauschen und gemeinsam an Projekten zu arbeiten, unabhängig von ihrem Standort.

- **Beispiel**: Ein Unternehmen nutzt eine cloudbasierte Plattform für die Zusammenarbeit, auf der Mitarbeiter Dokumente gemeinsam bearbeiten, Ideen austauschen und Projekte verwalten können. Die Plattform bietet auch die Möglichkeit, Videoanrufe zu führen und virtuelle Meetings abzuhalten.

- **Mögliche positive Auswirkungen**: Verbesserung der internen Kommunikation, Steigerung der Effizienz und Produktivität, Förderung der Zusammenarbeit und des Wissensaustauschs.

Kundenbeziehungen - Der Kunde im Mittelpunkt

Technologie kann Unternehmen dabei helfen, ihre Kundenbeziehungen zu stärken, indem sie ihnen personalisierte Angebote und Dienstleistungen anbieten, ihnen bei der Lösung von Problemen helfen und ihnen die Möglichkeit geben, Feedback zu geben.

Beispiel: Ein Einzelhändler nutzt eine KI-gestützte Plattform, um das Kaufverhalten seiner Kunden zu analysieren und ihnen personalisierte Empfehlungen für Produkte zu geben, die sie interessieren könnten. Der Einzelhändler bietet auch einen Chatbot auf seiner Website an, der Kunden bei der Beantwortung von Fragen und der Lösung von Problemen hilft.

Mögliche positive Auswirkungen: Verbesserung der Kundenzufriedenheit, Steigerung der Kundenbindung, Erhöhung des Umsatzes.

Partnerschaften - Gemeinsam zum Erfolg

Technologie kann Unternehmen dabei helfen, ihre Beziehungen zu Partnern zu stärken, indem sie die Kommunikation und Zusammenarbeit erleichtert, den Informationsaustausch fördert und gemeinsame Projekte ermöglicht.

Beispiel: Zwei Unternehmen, die zusammenarbeiten, nutzen eine gemeinsame Plattform für die Zusammenarbeit, auf der sie Dokumente austauschen, Projekte planen und den Fortschritt verfolgen können. Die Plattform bietet auch die Möglichkeit, Videoanrufe zu führen und virtuelle Meetings abzuhalten.

Mögliche positive Auswirkungen: Verbesserung der Kommunikation und Zusammenarbeit, Steigerung der Effizienz und Produktivität, Förderung von Innovationen.

Die Rolle der Unternehmen in der Zukunft der menschlichen Verbindung

Unternehmen spielen eine entscheidende Rolle bei der Gestaltung der Zukunft der menschlichen Verbindung. Sie haben nicht nur die Möglichkeit, Technologie zu nutzen, um ihre eigenen Beziehungen zu stärken, sondern sie können auch einen Beitrag dazu leisten, die positiven Auswirkungen der Technologie auf die Gesellschaft als Ganzes zu fördern.

Es ist wichtig, dass Unternehmen sich ihrer Verantwortung bewusst sind und ethische Grundsätze bei der Entwicklung und Nutzung von Technologie berücksichtigen. Sie sollten sicherstellen, dass ihre Technologien nicht missbraucht werden und dass die Privatsphäre der Nutzer geschützt wird.

Indem Unternehmen ihre Beziehungen zu Mitarbeitern, Kunden und Partnern stärken und einen Beitrag zur Förderung der menschlichen Verbindung leisten, können sie nicht nur ihren eigenen Erfolg steigern, sondern auch einen positiven Einfluss auf die Gesellschaft haben.

Zusammenfassung und Ausblick

Unternehmen haben vielfältige Möglichkeiten, Technologie zu nutzen, um ihre Beziehungen zu Mitarbeitern, Kunden und Partnern zu stärken. Die vorgestellten Beispiele zeigen, wie dies in verschiedenen Bereichen aussehen kann.

Es ist jedoch wichtig, dass Unternehmen sich ihrer Verantwortung bewusst sind und ethische Grundsätze bei der Entwicklung und Nutzung von Technologie berücksichtigen. Sie sollten sicherstellen, dass ihre Technologien nicht missbraucht werden und dass die Privatsphäre der Nutzer geschützt wird.

Indem Unternehmen ihre Beziehungen stärken und einen Beitrag zur Förderung der menschlichen Verbindung leisten, können sie nicht nur ihren eigenen Erfolg steigern, sondern auch einen positiven Einfluss auf die Gesellschaft haben.

Kapitel 7:

Die Rolle der Bildungseinrichtungen: Wie Technologie die soziale und emotionale Entwicklung von Schülern fördert

Bildungseinrichtungen spielen eine entscheidende Rolle bei der Vorbereitung junger Menschen auf die Zukunft. Sie müssen ihnen nicht nur das Wissen und die Fähigkeiten vermitteln, die sie für ein erfolgreiches Berufsleben benötigen, sondern auch die sozialen und emotionalen Kompetenzen, die sie für ein erfülltes Leben brauchen.

Förderung der sozialen Kompetenzen - Miteinander lernen und interagieren

Technologie kann Bildungseinrichtungen dabei helfen, die sozialen Kompetenzen der Schüler zu fördern, indem sie ihnen Möglichkeiten bietet, miteinander zu lernen, zu interagieren und sich auszutauschen.

Beispiel: Eine Schule nutzt eine Online-Plattform für die Zusammenarbeit, auf der Schüler gemeinsam an

Projekten arbeiten, Ideen austauschen und sich gegenseitig unterstützen können. Die Plattform bietet auch die Möglichkeit, Videoanrufe zu führen und virtuelle Meetings abzuhalten.

Mögliche positive Auswirkungen: Verbesserung der Kommunikationsfähigkeit, Förderung der Teamfähigkeit, Stärkung des Gemeinschaftsgefühls.

Förderung der emotionalen Kompetenzen - Sich selbst und andere verstehen

Technologie kann Bildungseinrichtungen dabei helfen, die emotionalen Kompetenzen der Schüler zu fördern, indem sie ihnen Möglichkeiten bietet, sich selbst und andere besser zu verstehen, ihre Gefühle auszudrücken und mit Konflikten umzugehen.

Beispiel: Eine Schule nutzt eine App, die Schülern hilft, ihre Emotionen zu erkennen und zu regulieren. Die App bietet Übungen zur Selbstreflexion, zum Stressmanagement und zur Empathie-Entwicklung.

Mögliche positive Auswirkungen: Verbesserung der emotionalen Intelligenz, Stärkung des Selbstbewusstseins, Förderung der psychischen Gesundheit.

Förderung der Medienkompetenz - Kritisches Denken in der digitalen Welt

Technologie kann Bildungseinrichtungen dabei helfen, die Medienkompetenz der Schüler zu fördern, indem sie ihnen kritisches Denken im Umgang mit digitalen Medien vermitteln.

Beispiel: Eine Schule bietet Kurse zur Medienkompetenz an, in denen Schüler lernen, wie man Informationen im Internet recherchiert, wie man Fake News erkennt und wie man sich vor Cybermobbing schützt.

Mögliche positive Auswirkungen: Förderung des kritischen Denkens, Stärkung der Informationskompetenz, Schutz vor den Risiken der digitalen Welt.

Die Rolle der Bildungseinrichtungen in der Zukunft der menschlichen Verbindung

Bildungseinrichtungen spielen eine entscheidende Rolle bei der Gestaltung der Zukunft der menschlichen Verbindung. Sie müssen junge Menschen auf eine Welt vorbereiten, in der Technologie eine immer größere Rolle spielt, und ihnen die Kompetenzen vermitteln, die sie für ein erfolgreiches und erfülltes Leben benötigen.

Es ist wichtig, dass Bildungseinrichtungen sich der Bedeutung der sozialen und emotionalen Entwicklung der Schüler bewusst sind und Technologie nutzen, um diese Entwicklung zu fördern.

Indem Bildungseinrichtungen die sozialen, emotionalen und Medienkompetenzen der Schüler stärken, können sie dazu beitragen, dass junge Menschen zu verantwortungsbewussten und engagierten Bürgern werden, die in der Lage sind, positive Beziehungen zu gestalten und einen Beitrag zur Gesellschaft zu leisten.

Zusammenfassung und Ausblick

Bildungseinrichtungen haben vielfältige Möglichkeiten, Technologie zu nutzen, um die soziale und emotionale Entwicklung ihrer Schüler zu fördern. Die vorgestellten Beispiele zeigen, wie dies in verschiedenen Bereichen aussehen kann.

Es ist jedoch wichtig, dass Bildungseinrichtungen sich ihrer Verantwortung bewusst sind und ethische Grundsätze bei der Entwicklung und Nutzung von Technologie berücksichtigen. Sie sollten sicherstellen, dass ihre Technologien nicht missbraucht werden und dass die Privatsphäre der Schüler geschützt wird.

Indem Bildungseinrichtungen die sozialen, emotionalen und Medienkompetenzen der Schüler stärken, können sie dazu beitragen, dass junge Menschen zu verantwortungsbewussten und engagierten Bürgern werden, die in der Lage sind, positive Beziehungen zu gestalten und einen Beitrag zur Gesellschaft zu leisten.

Kapitel 8:

Die Rolle der Politik: Rahmenbedingungen für eine humane Digitalisierung

Die Politik spielt eine entscheidende Rolle bei der Gestaltung der Zukunft der menschlichen Verbindung. Sie hat die Verantwortung, Rahmenbedingungen zu schaffen, die sicherstellen, dass Technologie zum Wohle der Menschen eingesetzt wird und nicht zu ihrem Schaden.

Förderung des Zugangs zu Technologie - Die digitale Inklusion

Die Politik kann Maßnahmen ergreifen, um sicherzustellen, dass alle Menschen, unabhängig von ihrer sozialen oder wirtschaftlichen Situation, Zugang zu Technologie und digitalen Medien haben.

Beispiel: Die Regierung fördert den Ausbau des Breitbandinternets in ländlichen Gebieten und unterstützt einkommensschwache Familien bei der Anschaffung von Computern und Tablets.

Mögliche positive Auswirkungen: Verringerung der digitalen Kluft, Förderung der Chancengleichheit, Stärkung der sozialen Teilhabe.

Schutz der Privatsphäre und der persönlichen Daten - Die digitale Souveränität

Die Politik muss sicherstellen, dass die Privatsphäre und die persönlichen Daten der Bürger geschützt werden, auch in der digitalen Welt.

Beispiel: Die Regierung erlässt Gesetze, die Unternehmen dazu verpflichten, die Daten ihrer Nutzer zu schützen und ihnen die Kontrolle über ihre Daten zu geben.

Mögliche positive Auswirkungen: Stärkung des Vertrauens in digitale Technologien, Schutz vor Missbrauch und Manipulation, Förderung der Selbstbestimmung.

Bekämpfung von Hassreden und Cybermobbing - Die digitale Verantwortung

Die Politik muss Maßnahmen ergreifen, um Hassreden und Cybermobbing im Internet zu bekämpfen.

Beispiel: Die Regierung arbeitet mit sozialen Medienplattformen zusammen, um Hassreden und Cybermobbing zu bekämpfen und die Nutzer vor Belästigungen zu schützen.

Mögliche positive Auswirkungen: Schaffung einer sichereren und respektvoll digitalen Umgebung, Schutz von Opfern, Förderung des respektvollen Umgangs miteinander.

Förderung der Medienkompetenz - Die digitale Bildung

Die Politik muss sicherstellen, dass die Bürger, insbesondere junge Menschen, die notwendigen Medienkompetenzen erwerben, um sich kritisch mit digitalen Medien auseinanderzusetzen und sich vor den Risiken der digitalen Welt zu schützen.

Beispiel: Die Regierung unterstützt Schulen und Bildungseinrichtungen bei der Entwicklung von Programmen zur Medienkompetenz.

Mögliche positive Auswirkungen: Förderung des kritischen Denkens, Stärkung der Informationskompetenz, Schutz vor Manipulation und Desinformation.

Die Rolle der Politik in der Zukunft der menschlichen Verbindung

Die Politik spielt eine entscheidende Rolle bei der Gestaltung der Zukunft der menschlichen Verbindung. Sie hat die Verantwortung, Rahmenbedingungen zu schaffen, die sicherstellen, dass Technologie zum Wohle der Menschen eingesetzt wird und nicht zu ihrem Schaden.

Es ist wichtig, dass die Politik sich der Herausforderungen und Risiken bewusst ist, die mit der Digitalisierung verbunden sind, und Maßnahmen ergreift, um diese zu bewältigen.

Indem die Politik den Zugang zu Technologie fördert, die Privatsphäre schützt, Hassreden und Cybermobbing bekämpft und die Medienkompetenz fördert, kann sie dazu beitragen, dass die digitale Revolution zu einer Bereicherung für die menschliche Verbindung wird.

Zusammenfassung und Ausblick

Die Politik hat vielfältige Möglichkeiten, die Entwicklung und Nutzung von Technologie so zu gestalten, dass sie der menschlichen Verbindung dient. Die vorgestellten Beispiele zeigen, wie dies in verschiedenen Bereichen aussehen kann.

Es ist jedoch wichtig, dass die Politik sich ihrer Verantwortung bewusst ist und ethische Grundsätze bei der Gestaltung der digitalen Welt berücksichtigt. Sie muss sicherstellen, dass die Rechte und die Privatsphäre der Bürger geschützt werden und dass die Technologie nicht zu einer Quelle von Ungleichheit, Diskriminierung oder Manipulation wird.

Indem die Politik die genannten Maßnahmen ergreift und eine aktive Rolle bei der Gestaltung der digitalen Zukunft spielt, kann sie dazu beitragen, dass die Technologie zu einer Kraft für das Gute wird und die menschliche Verbindung stärkt.

Ich hoffe, diese ausführliche Darstellung hilft Ihnen bei der weiteren Entwicklung dieses Kapitels. Lassen Sie uns gemeinsam an diesem Thema weiterarbeiten und es mit Leben füllen. Ich freue mich auf Ihre Rückmeldung!

1. Förderung des Zugangs zu Technologie (Digitale Inklusion)

Breitbandausbau:

Bedeutung: Schnelles und zuverlässiges Internet ist heute eine Grundvoraussetzung für die Teilhabe an der digitalen Welt.

Politische Maßnahmen:

1. Förderung des Ausbaus von Breitbandinfrastruktur, insbesondere in ländlichen und unterversorgten Gebieten.
2. Staatliche Investitionen in den Ausbau von Glasfasernetzen.
3. Anreize für private Unternehmen, in den Breitbandausbau zu investieren.

Beispiele:

o Deutschland: Bundesförderung für den Breitbandausbau.
o EU: Förderprogramme für den Breitbandausbau in ländlichen Gebieten.

Endgeräteförderung:

Bedeutung: Viele Menschen können sich keine Computer, Tablets oder Smartphones leisten.

Politische Maßnahmen:

1. Zuschüsse für einkommensschwache Familien und Personen zum Kauf von Endgeräten.
2. Leasingmodelle für Endgeräte.
3. Initiativen zur Förderung der Nutzung von gebrauchten Endgeräten.

Beispiele:

o Deutschland: "Computer-Spende" - Initiative zur Weitergabe gebrauchter Computer an Bedürftige.
o USA: "Lifeline" - Programm zur Unterstützung einkommensschwacher Haushalte beim Zugang zu Telekommunikationsdiensten.

Digitale Kompetenzförderung:

Bedeutung: Der Zugang zu Technologie allein reicht nicht aus. Menschen müssen auch die Fähigkeiten haben, sie zu nutzen.

Politische Maßnahmen:

1. Programme zur Vermittlung digitaler Grundkompetenzen für alle Bevölkerungsgruppen.
2. Förderung von Initiativen, die digitale Kompetenzen vermitteln.
3. Integration von digitaler Kompetenz in den Lehrplan von Schulen und anderen Bildungseinrichtungen.

Beispiele:

o Deutschland: "Digital Pakt Schule" - Initiative zur Förderung der Digitalisierung von Schulen.
o EU: "Digital Skills and Jobs Platform" - Plattform zur Förderung digitaler Kompetenzen in Europa.

2. Schutz der Privatsphäre und persönlicher Daten (Digitale Souveränität)

Datenschutzgesetze:

Bedeutung: Unternehmen und Organisationen müssen verantwortungsvoll mit den Daten der Bürger umgehen.

Politische Maßnahmen:

1. Strenge Datenschutzgesetze, die Unternehmen und Organisationen zur Rechenschaft ziehen.
2. Sanktionen bei Verstößen gegen Datenschutzgesetze.
3. Rechte für Bürger auf Auskunft, Korrektur und Löschung ihrer Daten.

Beispiele:

o EU: Datenschutz-Grundverordnung (DSGVO).
o Kalifornien: California Consumer Privacy Act (CCPA).

Datensicherheit:

Bedeutung: Daten müssen vor unbefugtem Zugriff geschützt werden.

Politische Maßnahmen:

1. Förderung von Technologien und Maßnahmen zur Erhöhung der Datensicherheit.
2. Unterstützung von Unternehmen und Organisationen bei der Umsetzung von Datensicherheitsmaßnahmen.
3. Aufklärung der Bürger über Datensicherheit.

Beispiele:

- ○ Deutschland: Bundesamt für Sicherheit in der Informationstechnik (BSI).
- ○ USA: National Institute of Standards and Technology (NIST).

Transparenz und Kontrolle:

Bedeutung: Bürger müssen wissen, welche Daten über sie gesammelt werden und wie diese verwendet werden.

Politische Maßnahmen:

1. Gesetze, die Unternehmen und Organisationen zur Transparenz verpflichten.
2. Tools und Plattformen, die es Bürgern ermöglichen, ihre Daten einzusehen und zu kontrollieren.
3. Förderung des Bewusstseins für den Wert persönlicher Daten.

Beispiele:

- o EU: DSGVO-Bestimmungen zur Transparenz und zum Auskunftsrecht.
- o Frankreich: "Mes Datas" - Plattform, die es Bürgern ermöglicht, ihre persönlichen Daten einzusehen und zu verwalten.

3. Bekämpfung von Hassreden und Cybermobbing (Digitale Verantwortung)

Gesetze gegen Hassreden:

Bedeutung: Hassreden und Hetze im Internet können zu Gewalt und Diskriminierung führen.

Politische Maßnahmen:

1. Gesetze, die Hassreden und Hetze im Internet unter Strafe stellen.
2. Zusammenarbeit mit sozialen Medienplattformen, um Hassreden zu entfernen.
3. Unterstützung von Initiativen, die gegen Hassreden und Cybermobbing vorgehen.

Beispiele:

o Deutschland: Netzwerkdurchsetzungsgesetz (NetzDG).
o EU: Vorschlag für ein Gesetz über digitale Dienste (DSA).

Opferschutz:

Bedeutung: Opfer von Cybermobbing und Online-Belästigung benötigen Unterstützung und Schutz.

Politische Maßnahmen:

1. Beratungsstellen und Hilfsangebote für Opfer von Cybermobbing.
2. Schutz von Opfern vor weiteren Belästigungen.
3. Sensibilisierung der Öffentlichkeit für das Thema Cybermobbing.

Beispiele:

o Deutschland: "Nummer gegen Kummer" - Beratungsangebot für Kinder und Jugendliche.
o USA: "StopBullying.gov" - Website mit Informationen und Ressourcen zum Thema Cybermobbing.

Präventionsarbeit:

Bedeutung: Es ist wichtig, Hassreden und Cybermobbing von vornherein zu verhindern.

Politische Maßnahmen:

1. Aufklärungskampagnen und Bildungsangebote zur Förderung eines respektvollen und toleranten Umgangs im Netz.
2. Förderung von Projekten, die die Medienkompetenz von Kindern und Jugendlichen stärken.
3. Zusammenarbeit mit Schulen und anderen Bildungseinrichtungen, um Präventionsarbeit zu leisten.

Beispiele:

o Deutschland: "klicksafe" - Initiative zur Förderung der Medienkompetenz.
o EU: "Safer Internet Programme" - Programm zur Förderung eines sicheren Internets für Kinder und Jugendliche.

4. Förderung der Medienkompetenz (Digitale Bildung)

Medienkompetenz in Schulen:

Bedeutung: Kinder und Jugendliche müssen lernen, wie man kritisch mit digitalen Medien umgeht.

Politische Maßnahmen:

1. Integration von Medienkompetenz in den Lehrplan aller Schulformen.
2. Aus- und Weiterbildung von Lehrern im Bereich Medienkompetenz.
3. Bereitstellung von Unterrichtsmaterialien und Ressourcen zum Thema Medienkompetenz.

Beispiele:

- Deutschland: "Medienkompetenzrahmen NRW".
- EU: "European Framework for Digital Competence".

Fort- und Weiterbildung:

Bedeutung: Auch Erwachsene müssen sich in der digitalen Welt zurechtfinden und informative Angebote kritisch bewerten können.

Politische Maßnahmen:

1. Angebote zur Förderung der Medienkompetenz für Erwachsene.
2. Unterstützung von Initiativen, die Medienkompetenz vermitteln.
3. Zusammenarbeit mit Bibliotheken, Volkshochschulen und anderen Bildungseinrichtungen.

Beispiele:

- o Deutschland: "Deutschland sicher im Netz" - Initiative zur Förderung der digitalen Sicherheit.
- o EU: "ALL Digital" - Netzwerk von Organisationen, die digitale Kompetenzen vermitteln.

Zusammenarbeit mit Medienorganisationen:

Bedeutung: Qualitätsjournalismus und zuverlässige Informationen sind wichtig für eine informierte Gesellschaft.

Politische Maßnahmen:

1. Förderung der Zusammenarbeit zwischen Bildungseinrichtungen und Medienorganisationen.
2. Unterstützung von Projekten, die Qualität und zuverlässige Informationen verbreiten.

3. Förderung des Medienaustauschs und der Debatte über wichtige gesellschaftliche Themen.

Beispiele:

o Deutschland: "Jugendpresse Deutschland" - Netzwerk von jungen Journalisten.
o EU: "European Journalism Centre" - Zentrum zur Förderung des Journalismus in Europa.

5. Förderung von Innovationen, die dem Gemeinwohl dienen

Unterstützung von Forschung und Entwicklung:

Bedeutung: KI und andere digitale Technologien bieten große Chancen für die Gesellschaft, z.B. in den Bereichen Gesundheit, Bildung, Umweltschutz und soziale Gerechtigkeit.

Politische Maßnahmen:

1. Förderung von Forschung und Entwicklung im Bereich KI und anderer digitaler Technologien, die dem Gemeinwohl dienen und positive soziale Auswirkungen haben.
2. Staatliche Investitionen in Forschungsprojekte, die sich mit gesellschaftlich relevanten Fragen beschäftigen.
3. Schaffung von Rahmenbedingungen, die Innovationen im Bereich des Gemeinwohls fördern.

Beispiele:

o EU: "Horizon Europe" - Rahmenprogramm für Forschung und Innovation.
o Deutschland: "Nationale KI-Strategie".

Förderung von Open Source und Open Data:

Bedeutung: Der Zugang zu Daten und Technologien sollte nicht nur einigen wenigen vorbehalten sein, sondern allen zugänglich gemacht werden.

Politische Maßnahmen:

1. Unterstützung von Initiativen, die den Zugang zu Daten und Technologien erleichtern.
2. Förderung der Entwicklung von Open-Source-Software und -Hardware.
3. Schaffung von Plattformen für den Austausch von Daten und Technologien.

Beispiele:

o Deutschland: "GovData" - Portal für offene Verwaltungsdaten.
o EU: "European Open Science Cloud".

Dialog und Zusammenarbeit:

Bedeutung: Technologische Entwicklungen sollten im Einklang mit den Bedürfnissen der Menschen und den Werten unserer Gesellschaft stehen.

Politische Maßnahmen:

1. Förderung des Dialogs und der Zusammenarbeit zwischen Politik, Wirtschaft und Zivilgesellschaft.
2. Schaffung von Plattformen für den Austausch von Ideen und Perspektiven.
3. Berücksichtigung der Ergebnisse des Dialogs bei politischen Entscheidungen.

Beispiele:

o Deutschland: "Digital-Gipfel".
o EU: "Europäische Bürgerinitiative".

6. Internationale Zusammenarbeit

Globale Standards:

Bedeutung: Die Digitalisierung ist ein globales Phänomen, das globale Lösungen erfordert.

Politische Maßnahmen:

1. Zusammenarbeit mit anderen Ländern und internationalen Organisationen, um gemeinsame Standards für den Umgang mit Technologie und den Schutz der Menschenrechte im digitalen Raum zu entwickeln.
2. Unterstützung von internationalen Abkommen und Initiativen, die eine humane Digitalisierung fördern.

Beispiele:

- o UNO: "Global Digital Compact".
- o EU: "Internationale Partnerschaften im Bereich der Digitalisierung".

Entwicklungszusammenarbeit

Bedeutung: Die Digitalisierung bietet Entwicklungsländern große Chancen, z.B. in den Bereichen Bildung, Gesundheit und Wirtschaft.

Politische Maßnahmen:

1. Unterstützung von Entwicklungsländern bei der Digitalisierung ihrer Gesellschaften.
2. Förderung von Projekten, die den Zugang zu Technologie und digitaler Kompetenz in Entwicklungsländern verbessern.

Zusammenarbeit mit Entwicklungsländern, um die digitale Kluft zu verringern.

Beispiele:

o Deutschland: "BMZ-Strategie zur Digitalisierung".
o EU: "Digital4Development Hub".

Schlussfolgerung: Die Zukunft der menschlichen Verbindung - Ein Gleichgewicht zwischen Technologie und Menschlichkeit

Die Reise durch dieses Kapitel hat uns die vielfältigen Möglichkeiten, aber auch die Herausforderungen und Risiken der digitalen Revolution für die menschliche Verbindung vor Augen geführt. Wir haben gesehen, wie Technologie uns helfen kann, über Grenzen hinweg in Kontakt zu treten, Gemeinschaften zu bilden, Wissen zu teilen und uns emotional zu unterstützen. Doch wir haben auch die Schattenseiten der Digitalisierung beleuchtet: die Gefahren für die Privatsphäre, die Manipulation durch Algorithmen, die wachsende digitale Kluft und die emotionale Entfremdung durch die virtuelle Kommunikation.

Zentrale Erkenntnisse und Empfehlungen

Technologie ist nicht neutral: Sie ist ein Werkzeug, das sowohl positive als auch negative Auswirkungen haben kann. Es liegt an uns, wie wir sie einsetzen.

Der Mensch steht im Mittelpunkt: Technologie sollte uns dienen, nicht umgekehrt. Wir müssen sicherstellen, dass sie unsere sozialen und emotionalen Bedürfnisse erfüllt und nicht von unserer Menschlichkeit entfremdet.

177

Balance ist der Schlüssel: Wir müssen ein Gleichgewicht finden zwischen der Nutzung der digitalen Möglichkeiten und der Pflege persönlicher Kontakte und reale Beziehungen.

Verantwortung der Politik: Die Politik spielt eine entscheidende Rolle bei der Gestaltung der digitalen Zukunft. Sie muss Rahmenbedingungen schaffen, die sicherstellen, dass Technologie zum Wohle der Menschen eingesetzt wird.

Eigenverantwortung jedes Einzelnen: Jeder von uns trägt eine Verantwortung für die Art und Weise, wie wir Technologie nutzen. Wir sollten uns kritisch mit digitalen Medien auseinandersetzen, unsere Privatsphäre schützen und respektvoll miteinander kommunizieren.

Die Rolle der verschiedenen Akteure

Politik: Sie muss Gesetze erlassen, die den Schutz der Privatsphäre gewährleisten, die digitale Kluft verringern, Hassreden bekämpfen und die Medienkompetenz fördern.

Unternehmen: Sie müssen ethische Grundsätze bei der Entwicklung und Nutzung von Technologie berücksichtigen und sicherstellen, dass ihre Produkte und Dienstleistungen nicht missbraucht werden.

Bildungseinrichtungen: Sie müssen junge Menschen auf die digitale Welt vorbereiten und ihnen die notwendigen

Kompetenzen vermitteln, um sich kritisch mit digitalen Medien auseinanderzusetzen.

Jeder Einzelne: Wir alle müssen uns bewusst machen, wie wir Technologie nutzen und welche Auswirkungen dies auf unsere Beziehungen und unsere Gesellschaft hat.

Ein Blick in die Zukunft

Die Zukunft der menschlichen Verbindung wird von der Balance zwischen Technologie und Menschlichkeit geprägt sein. Wir können die Vorteile der Digitalisierung nutzen, um unsere Beziehungen zu stärken und neue Formen der Interaktion zu schaffen. Gleichzeitig müssen wir uns der Risiken bewusst sein und Maßnahmen ergreifen, um sie zu minimieren.

Es liegt an uns, die digitale Zukunft zu gestalten. Wenn wir uns unserer Verantwortung bewusst sind und gemeinsam handeln, können wir eine Welt schaffen, in der Technologie und Menschlichkeit im Einklang stehen und die menschliche Verbindung eine zentrale Rolle spielt.

Die Reise geht weiter:

Die Entwicklung der Technologie und ihre Auswirkungen auf die menschliche Verbindung sind ein fortlaufender Prozess. Es wird immer wieder neue Herausforderungen und Möglichkeiten geben. Es ist wichtig, dass wir uns kontinuierlich mit diesen Themen auseinandersetzen und uns an die Veränderungen anpassen.

Ich hoffe, dieses Kapitel hat Ihnen einen Einblick in die vielfältigen Aspekte der menschlichen Verbindung im digitalen Zeitalter gegeben und Sie dazu angeregt, über Ihre eigene Rolle bei der Gestaltung der Zukunft nachzudenken.

Abschließende Worte

Die digitale Zukunft ist eine Zukunft des Wandels, der Möglichkeiten und der Herausforderungen. Wir stehen an einem Wendepunkt. Es liegt an uns, die Weichen richtig zu stellen. ***Wir müssen die Chancen der digitalen Revolution und der KI nutzen, um eine bessere Welt zu schaffen, in der Technologie dem Menschen dient und nicht umgekehrt.*** Dazu bedarf es eines bewussten, verantwortungsvollen und humanzentrierten Ansatzes, der auf unseren gemeinsamen Werten und ethischen Prinzipien basiert. Lassen Sie uns gemeinsam diese Zukunft gestalten – im Dialog zwischen Mensch und KI – für eine digitale Welt, die menschlich bleibt.

Mariusz A. Bajorek

Glossar

Algorithmus: Eine präzise Folge von Anweisungen oder Regeln, die ein Computerprogramm ausführt, um ein bestimmtes Problem zu lösen oder eine bestimmte Aufgabe zu erledigen. In der KI werden Algorithmen verwendet, um Muster in Daten zu erkennen, Vorhersagen zu treffen oder Entscheidungen zu automatisieren.

Anonymisierung: Die irreversible Entfernung aller identifizierenden Informationen aus Daten, sodass diese keiner bestimmten Person mehr zugeordnet werden können.

Augmented Reality (AR): Eine Technologie, die computergenerierte Bilder oder Informationen in die reale Welt einblendet und so die Wahrnehmung der Realität erweitert.

Autonomie (KI): Die Fähigkeit eines KI-Systems, eigenständig Entscheidungen zu treffen und Handlungen auszuführen, ohne direkte menschliche Intervention. Es gibt verschiedene Stufen der Autonomie, von der Automatisierung bis zur (hypothetischen) vollständigen Autonomie.

Bias (algorithmische Voreingenommenheit): Systematische Verzerrungen in den Vorhersagen oder Entscheidungen eines KI-Modells, die aufgrund von fehlerhaften oder nicht repräsentativen Trainingsdaten entstehen können.

Big Data: Sehr große und komplexe Datensätze, die mit herkömmlichen Methoden nur schwer zu verarbeiten sind. KI-Systeme werden oft eingesetzt, um Big Data zu analysieren und Muster zu erkennen.

Chatbot: Ein Computerprogramm, das menschliche Konversation simuliert, meist über Text- oder Sprachnachrichten.

Deep Learning: Eine Methode des maschinellen Lernens, die auf künstlichen neuronalen Netzen mit vielen Schichten basiert. Deep Learning ermöglicht es KI-Systemen, komplexe Muster in Daten zu erkennen und Aufgaben wie Bild- und Spracherkennung mit hoher Genauigkeit auszuführen.

Digitale Kluft: Die Ungleichheit im Zugang zu digitalen Technologien und dem Internet sowie in den Fähigkeiten, diese zu nutzen.

Digitale Mündigkeit: Die Fähigkeit, digitale Technologien kritisch zu reflektieren, verantwortungsbewusst zu nutzen und sich vor den Risiken der digitalen Welt zu schützen.

Echokammer: Ein virtueller Raum, in dem nur Meinungen und Informationen ausgetauscht werden, die die eigene Weltsicht bestätigen. Dies kann durch personalisierte Algorithmen in sozialen Medien verstärkt werden.

Emotionale KI (Affektive Informatik): Ein Forschungsgebiet, das sich mit der Entwicklung von Systemen befasst, die Emotionen erkennen, interpretieren, verarbeiten und sogar simulieren können.

Explainable AI (XAI) (Erklärbare KI): Ein Forschungsbereich, der sich mit der Entwicklung von Methoden befasst, um die Entscheidungen von KI-Systemen transparenter und nachvollziehbarer zu machen.

Filterblase: Ein Zustand, in dem ein Nutzer nur Informationen und Meinungen angezeigt bekommt, die seinen eigenen Überzeugungen entsprechen. Dies kann durch personalisierte Algorithmen in Suchmaschinen und sozialen Medien entstehen.

Künstliche Intelligenz (KI): Ein Teilgebiet der Informatik, das sich mit der Entwicklung von Systemen befasst, die menschenähnliche Intelligenzleistungen erbringen können, wie z.B. Lernen, Problemlösen, Spracherkennung und Entscheidungsfindung.

Maschinelles Lernen (ML): Ein Teilbereich der KI, der sich mit der Entwicklung von Algorithmen befasst, die es Computern ermöglichen, aus Daten zu lernen, ohne explizit programmiert zu werden.

Metadaten: Daten, die Informationen über andere Daten liefern, z.B. Aufnahmedatum, Ort oder Kameramodell bei Fotos.

Natural Language Processing (NLP) (Natürliche Sprachverarbeitung): Ein Teilgebiet der KI, das sich mit der Verarbeitung und dem Verständnis menschlicher Sprache durch Computer befasst.

Neuronales Netz: Ein Modell des maschinellen Lernens, das von der Struktur des menschlichen Gehirns inspiriert ist. Neuronale Netze bestehen aus miteinander verbundenen Knoten (Neuronen), die Informationen verarbeiten und weiterleiten.

Pseudonymisierung: Die Verarbeitung personenbezogener Daten in der Weise, dass die Daten ohne Hinzuziehung zusätzlicher Informationen nicht mehr einer spezifischen betroffenen Person[1] zugeordnet werden können.

Qualia: Der subjektive Erlebnisgehalt von Sinneswahrnehmungen und mentalen Zuständen, z.B. wie es sich anfühlt, Rot zu sehen oder Schmerz zu empfinden.

Sentimentanalyse: Eine Methode des NLP, die die Stimmung oder die emotionale Konnotation in Texten analysiert.

Virtual Reality (VR): Eine Technologie, die immersive, computergenerierte Umgebungen erzeugt, in die der Nutzer eintauchen und mit denen er interagieren kann.

Über den Autor:

Mariusz A. Bajorek (geb. 1972) ist seit 2015 als selbstständiger Unternehmensberater, Business- und Life-Coach tätig und begleitet Unternehmen und Einzelpersonen in Veränderungsprozessen. Seine Schwerpunkte liegen in den Bereichen Unternehmensentwicklung, Personalentwicklung und Change-Management. Seine Expertise und sein Wissen gibt er auch in seinen Büchern weiter, darunter „Entscheidungentreffen – ein Schlüssel zum Erfolg" und „Die Macht der Veränderung". In seinem aktuellen Buch „Die Kunst der modernen Führung" beleuchtet er die Herausforderungen und Chancen moderner Führungskonzepte. Sein neuestes Werk „Verbunden in der KI: Die Zukunft der Menschlichkeit im digitalen Zeitalter" widmet sich einem hochaktuellen Thema: der Zukunft der menschlichen Verbindung angesichts der rasanten Entwicklung der Künstlichen Intelligenz und untersucht, wie wir in einer zunehmend digitalisierten Welt menschlich bleiben können.